EUROPAVERLAG

MICHAELA WIEGEL

EMMANUEL MACRON

EIN VISIONÄR FÜR EUROPA
EINE HERAUSFORDERUNG FÜR DEUTSCHLAND

EUROPAVERLAG

MIX
Papier aus verantwortungsvollen Quellen
FSC® C014889
FSC
www.fsc.org

Umschlaggestaltung: Hauptmann & Kompanie Werbeagentur, Zürich,
unter Verwendung eines Fotos von © picture alliance / Photoshot
Lektorat: Heike Gronemeier
Layout & Satz: BuchHaus Robert Gigler, München
Druck und Bindung: Pustet, Regensburg
ISBN 978-3-95890-183-4

www.europa-verlag.com

Für Antoine, Maximilian, Antonia,
Alexis und Leopold

INHALT

VORWORT 9

Kapitel 1
FRANKREICH IM AUFBRUCH:
Wie Macron sein Land verändert und Europa gleich mit 13

Kapitel 2
EIN LEBEN ALS MODERNER BILDUNGSROMAN:
Jugend- und Lehrjahre in Amiens und Paris 39

Kapitel 3
DER PHILOSOPHENPRÄSIDENT:
Paul Ricœur und andere geistige Einflüsse 69

Kapitel 4
»ICH HÄTTE GERN NOCH EINEN KOFFER IN BERLIN«:
Macrons Verhältnis zu Deutschland 99

Kapitel 5
EUROPÄISCH, REFORMWILLIG UND DEUTSCHLAND ZUGENEIGT:
Die Weggefährten des Präsidenten 135

Kapitel 6
EUROPA MON AMOUR:
Macrons europäische Überzeugungen 167

Kapitel 7
DIE MIGRATIONSFRAGE:
Ein strukturierendes Zukunftsthema Europas 202

ANHANG
Literaturverzeichnis 213
Danksagung 216

VORWORT

»Der einzige Weg aber, Frankreich zu lieben, ist es zu verstehen, das bedeutet zu versuchen, es zu verstehen.«

GEORGES BERNANOS, JULI 1942

Über Emmanuel Macron mag man denken, was man will. An einem Aspekt kommt man aber nicht vorbei: Macron zeichnet sich durch eine Hinwendung zu uns Deutschen aus, die ungewöhnlich ist. Jünger als Kennedy, liberaler als Blair, europäischer als Schröder, so habe ich den Kandidaten kurz vor der Stichwahl beschrieben, aber es fehlte ein entscheidendes Merkmal: germanophiler als seine Vorgänger. Doch warum Deutschland?

Emmanuel Macron ist der vierte Präsident, den ich aus der privilegierten Warte der Zeitungskorrespondentin in der französischen Hauptstadt beobachten darf. Nie zuvor erlebte ich einen Präsidentschaftskandidaten, der so sehr auf die deutsche Karte setzte. Eine seiner wichtigsten Wahlkampfreden hielt er an der Humboldt-Universität in Berlin. Noch vor seinem Sieg baute er vertrauensvolle Kontakte zu ganz unterschiedlichen Politikern auf – zu Wolfgang Schäuble und Sigmar Gabriel, zu Joschka Fischer und Angela Merkel. Unter seinen politischen Weggefährten sind viele, die Deutsch sprechen und unserem Land Sympathien entgegenbringen. Deutschland liegt auf Macrons persönlicher Landkarte ganz eng bei Frankreich, das hat sich auch nicht geändert, seit er in den Élysée-Palast eingezogen ist. Er wird nicht müde, die Deutschen mit Ideen zu bombardieren, sie anzusprechen und aufzurütteln. Macron wirbt so unverfroren wie keiner seiner Vorgänger um die Gunst in Berlin. So durfte die Bundeskanzlerin das Manuskript seiner »Initiative für Europa« gegenlesen, bevor er sie an der Sorbonne seinen Landsleuten enthüllte.

All das wäre vor zwanzig Jahren, als ich nach Paris übersiedelte, unvorstellbar gewesen. Damals lagen Bücher mit so vielsagenden Titeln wie »Vom nächsten Krieg mit Deutschland« und über »Die deutsche Versuchung«, Frankreich zu unterjochen in den französischen Buchhandlungen aus. Dem wiedervereinigten Land schlug unverhohlenes Misstrauen entgegen. Frankreich fürchtete sich vor einem »deutschen Europa«. Präsident Jacques Chirac zierte sich nach seiner Wahl, zum Antrittsbesuch nach Deutschland zu reisen; Bundeskanzler Helmut Kohl kam ihm im wahrsten Sinne des Wortes entgegen, und so fand die erste Begegnung in Straßburg statt. Philippe Séguin, der damals Chiracs Präsidentenpartei leitete, schleuderte bei einem meiner ersten Interviews wutentbrannt einen gefüllten Aschenbecher durch sein Amtszimmer, so sehr entrüstete ihn die Idee, seine Partei in die von der CDU/CSU dominierte Fraktion der Europäischen Volkspartei (EVP) im Europaparlament zu integrieren. Er werde vor den Deutschen nicht in die Knie gehen, verkündete er voller Rage. Auch Chirac widerstrebte es zutiefst, Deutschland entgegenzukommen. Beim EU-Gipfel in Nizza ließ er es auf ein Kräftemessen ankommen. Nächtelang musste weiterverhandelt werden, weil Chirac starrsinnig auf Stimmgleichheit mit Deutschland bestand. Erst die Aussicht eines amerikanischen Feldzugs im Irak führte dazu, dass sich Chirac und Gerhard Schröder zusammenrauften.

Unter Nicolas Sarkozy und François Hollande wurde das deutsch-französische Verhältnis nicht einfacher. Beide gehören der Nachkriegsgeneration (Jahrgang 1955 bzw. 1954) an, die Deutschland zur »benchmark« bestimmte, an der Frankreich gemessen wurde, ob bei der Geburtenrate oder beim Wirtschaftswachstum. Anders als in einem Konkurrenzverhältnis vermochten weder Sarkozy noch Hollande die Beziehung zu denken. Sarkozy fachsimpelte im Wahlkampf in deutlicher Anspielung auf Deutschland über die genetische Bestimmung, Völkermorde zu begehen, und bekundete, er fühle sich in Berlin »terrorisiert«. Als Präsident krachte er in Brüssel sofort mit dem damaligen deutschen Finanzminister Peer Steinbrück zusammen, weil er Sonderregeln für Frankreich aushandeln wollte. Das Paar »Merkozy« schließlich überdauerte den nächsten Wahlkampf nicht, weil Sarkozy die Kanzlerin als Wahlkampfhelferin kurzum auslud. Zu viel Nähe war nicht erwünscht. Mit Distanz zu Merkel warb auch François Hollande während seiner Kampagne. Als Präsident begann er mit Kraftmeierei gegenüber der Bundeskanzlerin, knickte dann aber ständig ein.

Es ist nicht bekannt, dass Chirac, Sarkozy oder Hollande jemals aus anderen als aus beruflichen Gründen nach Deutschland kamen oder Kontakte zu Deutschen pflegten. Warum aber fühlt sich Macron zu Deutschland hingezogen, und was schwebt ihm genau vor in der engen Zusammenarbeit zugunsten Europas? Diese Fragen werden die nachfolgenden Kapitel dieses Buches bestimmen. Die besten Antworten darauf hat Macron selbst gegeben, bei unserem Gespräch im Élysée-Palast. Die Macht hat ihn nicht verändert: Er ist genauso offenherzig und geistig alert wie bei unserer ersten Begegnung, als er im Wirtschaftsministerium den Austausch mit deutschen Korrespondenten suchte. Schon damals, im Frühherbst 2014, fiel er als unkonventioneller Querdenker auf, als einer, der sich durch nichts und vor allem nicht durch Denkverbote aufhalten lässt.

Als echter Zögling des Philosophen Paul Ricœur hätte er eine Unterredung für ein biografisches Buch eigentlich ausschlagen müssen, sagte er schmunzelnd im Élysée-Palast. Der große französische Denker empfing seinen Biografen erst, als dieser sein Werk schon veröffentlicht hatte. Doch Macron ist das Verhältnis zu Deutschland so wichtig, dass er einwilligt, auch persönliche Erinnerungen preiszugeben. Keinem seiner deutschen Bekannten hat er bislang erzählt, wie er als Schüler zwei Mal hintereinander nach Dortmund reiste und zu Gast in deutschen Familien eine gänzlich andere Lebensart entdeckte. Wichtiger noch als diese für seine Generation so typische Erfahrung ist ihm aber das Deutschlandbild, das er sich über viele Gespräche mit Ricœur, seiner Großmutter und über die Literatur und Philosophie erworben hat. Das macht vielleicht das Faszinosum Macron aus: Er gehört der Generation Euro an und teilt zugleich ganz altersungemäß das geistige Erbe der Kriegsgeneration.

»Jedem Anfang wohnt ein Zauber inne«, hat Angela Merkel dem jungen Präsidenten bei seinem Antrittsbesuch in Berlin mit Hermann Hesse zugeraunt. Es ist ungewiss, ob der Zauber Bestand hat und sich Macron als europäischer Visionär in die jüngere Geschichte einschreibt. Aber wie es auch kommt: Sicher würde dem belesenen französischen Präsidenten ein deutsches Zitat dazu einfallen.

Kapitel 1

FRANKREICH IM AUFBRUCH:

Wie Macron sein Land verändert und Europa gleich mit

Wandel ist immer schwer zu fassen, aber in Frankreich hat er seit Mai 2017 sogar einen Klang: Ludwig van Beethovens »Ode an die Freude«. Die Hymne Europas ertönt, als Emmanuel Macron am Abend seines Wahlsieges am 7. Mai 2017 in einem Seitenhof des Louvre in Paris vor den Fernsehkameras der Welt erscheint. Einsam schreitet er im Halbdunkel über den leeren Platz, ein langer, langsamer Gang zur Musik Beethovens, bis er schließlich die Stufen erklimmt, hinauf auf die hell erleuchtete Bühne vor der Glaspyramide: »Deine Zauber binden wieder, was die Mode streng geteilt; Alle Menschen werden Brüder, wo dein sanfter Flügel weilt.« Ein Meer aus azurblauen Fahnen, auf denen der Kranz aus zwölf goldenen Sternen prangt, reckt sich zum Wahlsieger empor, dazwischen das Blau-Weiß-Rot der französischen Trikolore. So sichtbar, so symbolkräftig haben die Franzosen schon lange keinen Herrscherwechsel mehr erlebt. Vor der jubelnden Menge am früheren Königsschloss verkörpert Emmanuel Macron die neue Macht in Paris, und die will nicht nur französisch, sondern auch europäisch sein.

Der 1977 geborene Mann aus der Provinzstadt Amiens hat sich so schnell und so überraschend an die französische Staatsspitze katapultiert, dass der Philosoph Peter Sloterdijk von einer politischen »Erscheinung« sprach. Macron selbst hat den historischen Augenblick schon im Wahlkampf beschworen. Seinen Anhängern rief er mit Johann Wolfgang von Goethe zu: »Ihr könnt sagen, ihr seid dabei gewesen.« Den ersten Teil des auf die Kanonade bei Valmy zurückgehenden Goethe-Zitates unterschlug der Kandidat bei den Kundgebungen: »Von hier und heute geht eine neue Epoche der Weltgeschichte aus.« Das Gefühl, einem historischen Aufbruch mit unbekanntem Ausgang beizuwohnen, begleitet seither viele. Mit Macron ist in Frankreich nach langem Stillstand etwas in Bewegung – »en marche« – geraten. Und ihm selbst liegt es keineswegs fern, sich eine historische Mission zuzuschreiben. Nach langer Krise und Stagnation, glaubt er, soll er Frankreich wieder besseren Zeiten entgegenführen. Er will das Land nicht als Einzelkämpfer, sondern getragen von einer Mehrheit von Grund auf verändern, den Wohlfahrtsstaat modernisieren und den Unternehmergeist stärken. Macron strebt im Einklang mit vielen seiner Landsleute an, den in den Krisenjahren verschütteten optimistischen Fortschrittsglauben wieder zutage zu fördern. »Das Beste liegt noch vor uns«, lautete sein Wahlkampfspruch. Dies gilt für ihn auch für Europa und für die deutsch-französische Beziehung. Wandel im Inneren und eine Vertiefung des europäischen Bündnisses bilden für ihn dabei eine Einheit.

Macron hat sich vorgenommen, die Geschichte des europäischen Einigungsprozesses fortzuschreiben, und sucht den Schulterschluss mit Deutschland. Ihn trägt die Überzeugung, dass sich ohne den deutschen Partner in Europa nichts ausrichten lässt.

Deshalb ist er auf das Verhältnis zur Bundesregierung fixiert oder, wie es der Philosoph Pierre Manent spöttelnd sagte, in eine »amouröse Ekstase mit Deutschland getreten«. Macron will viel von Deutschland. Er will die Währungs- und Wirtschaftsunion vollenden, in der Klimaschutz-, in der Energie-, in der Sicherheits- und in der Einwanderungs- und Asylpolitik enger und europäischer zusammenarbeiten. »Ich bin davon überzeugt, dass wir uns auf die Finalität Europas verständigen müssen. Wohin streben wir? Was wollen wir gemeinsam machen?«, sagt er im Gespräch für dieses Buch, das er auf den Morgen nach seinem vierzigsten Geburtstag gelegt hat. Macron weiß, dass er ungewöhnlich viel erreicht hat in seinem Alter – er ist der jüngste französische Staatschef seit Napoleon Bonaparte. Er wird im Mai 2018 in die glorreiche Ahnenreihe großer Europäer aufgenommen, die mit dem Karlspreis ausgezeichnet wurden. Sein neues Lebensjahrzehnt soll ganz im Zeichen des deutsch-französischen Aufbruchs zugunsten Europas stehen.

Der junge Hausherr im Élysée-Palast ist damit zu einem fordernden Partner für die Regierenden in Berlin geworden, die sich während der vergangenen Jahrzehnte an ein ermattetes, ob der Reformzwänge kleinmütig gewordenes Frankreich gewöhnen mussten. Seit dem Mauerfall und den historischen Umwälzungen, auf die Präsident François Mitterrand (1981–1995) nach anfänglichem Zögern letztlich eine europäische Antwort im Maastrichter Vertrag fand, hat es sich Frankreich in einer nostalgischen Realitätsverweigerung bequem gemacht. Das Land gab sich mehrheitlich der Illusion hin, dass es vom Anpassungsdruck der Globalisierung verschont werden würde. Hatten nicht auch die Wolken nach dem Unfall im Atomkraftwerk Tschernobyl an der französischen Grenze haltgemacht, wie es die Regierenden in

Paris damals ganz ernsthaft dem Volk weiszumachen suchten? Es gab in jedem Fall lange keinen Willen, den Lebenslügen zu entsagen und wie die Deutschen mit der Agenda 2010 Einschränkungen und Veränderungen bei den sozialen Sicherungssystemen zu akzeptieren. Das Savoir-vivre kommt schließlich aus Frankreich! Auf ihre lieb gewonnenen Gewohnheiten, ihre »Lebenskunst«, wollte eine Mehrheit der Franzosen nicht verzichten, auch wenn sie dafür den Preis einer chronisch hohen Arbeitslosigkeit zahlen musste. Keiner der drei auf Mitterrand folgenden Präsidenten – weder Jacques Chirac (1995–2007) noch Nicolas Sarkozy (2007–2012) und François Hollande (2012–2017) – vermochte es, die Reformblockaden im Land aufzulösen. Es war manchmal auch nicht sicher, ob sie es wirklich anstrebten.

Die Erstarrungserscheinungen im Inneren wurden von einer politischen Unfähigkeit begleitet, als gestaltende Kraft in Europa zu wirken. Französische Verantwortliche verlegten ihr gesamtes Geschick darauf, Sonderregeln für ihr Land auszuhandeln und selbst bei den bereits eingegangenen Verpflichtungen für den europäischen Haushalt zu tricksen. Sie legitimierten ihre Haltung mit dem Nein von annähernd 55 Prozent der Wähler beim Referendum zum europäischen Verfassungsvertrag im Mai 2005 und mit dem Erstarken der populistischen, europafeindlichen Kräfte im Land. Deutschland begann in jener Zeit, Frankreich als zuverlässigen Partner abzuschreiben.

Doch nun verlangt Macron von Europa, einen neuen Blick auf sein Land zu werfen. »Wir stehen heute ganz anders da. Wir haben Klarheit geschaffen und mit den Reformen begonnen. Die Arbeitsmarktreform liegt bereits hinter uns. Das erlaubt uns, eine ganz andere Rolle zu beanspruchen. Heute können wir

Deutschland sagen: Wir haben die Arbeit aufgenommen, ihr könnt euch jetzt nicht auf den Status quo zurückziehen«, sagt er im Interview. Natürlich ließen sich die deutschen Bedenken nicht alle über Nacht ausräumen. Aber er drückt die Hoffnung aus, dass Deutschland wieder Vertrauen zu Frankreich fassen wird. In seiner Rede an der Pariser Universität Sorbonne hat Macron am 26. September 2017 einen großen europäischen Zukunftsentwurf gezeichnet und Deutschland einen neuen Freundschaftsvertrag offeriert. Anders als seine Vorgänger, die mindestens ein Jahr im Amt brauchten, um sich der Bedeutung der deutsch-französischen Beziehung bewusst zu werden, räumt er der Partnerschaft mit Berlin von Anfang an Priorität ein. Das privilegierte Verhältnis zu Deutschland überrage alle anderen historischen Beziehungen Frankreichs, sagte er bei einem Besuch in Rom.

Macron denkt in historischen Kategorien und ist zutiefst geprägt von Hegels Geschichtsphilosophie, über die er als Student eine Masterarbeit an der Universität Nanterre verfasste. Die »Phänomenologie des Geistes« wendet er auf das zeitgenössische Frankreich an. Seinen eigenen Blitzaufstieg sieht er als zeitgeistige Variante der »List der Vernunft«. Das erzählt er im Salon doré im Élysée-Palast, in dem seit Charles de Gaulle alle Präsidenten mit Ausnahme von Valéry Giscard d'Estaing ihr Arbeits- und Empfangszimmer eingerichtet haben. Salon doré heißt vergoldeter Salon, und tatsächlich prangen überall Goldbordüren und verschnörkelte goldene Ornamente. Unter den schweren Kristalllüstern, die von der hohen Decke herabhängen, stehen gepolsterte Louis-XIV-Sessel mit geschwungenen Füßen und Lehnen, die mit golden schimmernden Seidenstoffen bezogen sind. Dieses royale Ambiente erinnert jeden Präsidenten, und sei er noch so jung, täglich daran, dass er in der Nachfolge der französischen Könige steht. Tatsächlich sind einige Vorrechte fast direkt von der Monarchie auf die Präsidenten übergegangen. Der Präsident darf sich mit dem Titel des Domherrn der Kirche Saint-Jean-de-Latran in Rom schmücken und wird vom Heiligen Stuhl zurate gezogen, bevor Bischöfe ernannt werden. Bei ihm müssen alle Kandidaten für die Académie française vorstellig werden, um als »Unsterbliche« in die von Kardinal Richelieu 1635 begründete Akademie aufgenommen zu werden. Macron ist von Amts wegen Kofürst von Andorra und Grand maître der 1802 von Napoleon ins Leben gerufenen Ehrenlegion. Aber auch ohne diese Ehrentitel verfügt er über eine Machtfülle, wie sie in Westeuropa einzigartig ist.

Macron hat an der Politischen Hochschule »Sciences Po« in Paris studiert und kennt sich mit dem politischen System der 1958 begründeten V. Republik bestens aus. Anders als seine beiden Vorgänger, die sichtlich Mühe hatten, den ungeschriebenen Ansprüchen an einen »republikanischen Monarchen« zu genügen, schlüpfte Macron mit scheinbarer Leichtigkeit in seine neue Rolle. Es sieht ganz so aus, als habe er sich mit der stark auf Republikgründer Charles de Gaulle zugeschnittenen Verfassung sofort angefreundet. Die V. Republik entstand in den Wirren des Algerienkrieges, als das Bedürfnis nach starker Führung besonders groß war. Macron nutzt diese exponierte Stellung, um den Reformprozess anzutreiben. Er hat sich dabei auf die lange missachtete Regel de Gaulles besonnen, dass der Staatspräsident nur die »großen Linien« der Regierungspolitik vorgibt, das politische Tagesgeschäft jedoch dem Premierminister und den Ministern der Regierung überlässt. Macron hat diese Regel verinnerlicht, wiederholt äußerte er, »ich lasse das jetzt die Regierung machen«. In der Außen-, Europa- und Verteidigungspolitik hingegen nimmt er seine Privilegien in Anspruch. Der Präsident ist Chef der Armee und kann ohne vorherige parlamentarische Abstimmung Auslandseinsätze der Streitkräfte verfügen. Er hat auch die Entscheidungsgewalt über die »force de frappe«, die französische Atomstreitmacht. Im Keller des Élysée-Palastes befindet sich der Kommandobunker »Jupiter«, in den sich Macron im Ernstfall zurückziehen und über den Einsatz von Nuklearwaffen entscheiden kann. Der junge Präsident sucht das Untergeschoss derzeit jedoch lieber auf, um dort mit einem Trainer zu boxen. Ein Hobby, das er mit seinem Premierminister teilt. Zum Tennisspielen, seinem anderen Lieblingssport, fehlt dem Präsidenten meistens die Zeit. Aber wenn er sich am Wochenende in die Residenz La Lanterne auf dem Gelände der Schlossanlage von Versailles zurückzieht, findet er dort einen gepflegten Tennisplatz vor. Die zahlreichen Jagd- und Lustschlösser, die dem Präsidenten zur Verfügung stehen, zeugen ebenfalls vom Erbe der Monarchie. Doch viele, wie die Sommerresidenz Fort Brégançon an der Mittelmeerküste, müssten dringend renoviert werden. Auch für den Élysée-Palast hat der französische Rechnungshof aufwendige Modernisierungs- und Sanierungsarbeiten empfohlen. Je länger abgewartet werde, umso höher werde die Rechnung ausfallen.

Fürs Erste hat der junge Präsident Hand angelegt und sich eines Teils des Mobiliars im traditionellen Präsidentenbüro des Élysée-Palasts entledigt. So hat er die bauchigen Kommoden mit Intarsien und feuervergoldeten Beschlägen an die für die Verwaltung der historischen Möbel zuständige Sektion »Mobilier national« des Kultusministeriums zurückgegeben. Den ovalen

Tisch, an dem er im Sommer 2017 mit Gewerkschaftsführern und Arbeitgebervertretern über die Ausführungsbestimmungen der Arbeitsmarktreform verhandelte, hat er durch eine moderne Sitzecke ersetzt. Ähnlich wie der Begründer der V. Republik de Gaulle scheint er an dem überfrachteten Palast nur wenig Gefallen zu finden. De Gaulle monierte einst, der Palast könne nicht gerade mit heldenhaften Ereignissen in Verbindung gebracht werden: »Die endgültige Abdankung Napoleons I., der Staatsstreich seines Neffen Napoleon III. und das Erbe der königlichen Mätresse Madame de Pompadour spiegeln die Majestät des französischen Volkes nur schlecht wider«, sagte er.

Macron hat begonnen, sich den Palast nach seinem Geschmack umzugestalten. Die Franzosen konnten vor allem einen Blick auf sein zweites Arbeitszimmer werfen, ein Eckzimmer mit doppelter Fensterfront. Dort ließ Macron sein erstes großes Fernsehgespräch aufzeichnen, auch bei seiner ersten Neujahrsansprache diente es als Kulisse. Der Raum ist als »Büro, das verrückt macht« in die jüngere Geschichte eingegangen, weil es nacheinander zwei Präsidentenberatern diente, die in Ungnade gefallen aus dem Dienst schieden; der eine wegen cholerischer Ausbrüche, der andere wegen seines Fimmels für blank geputzte Schuhe, weshalb er regelmäßig einen Schuhputzer kommen ließ.

Macron hat das Büro nun gänzlich neu dekoriert. An der Wand hängt ein Druck des amerikanischen Street-Art-Künstlers Frank Shepard Fairey (Künstlername: Obey), der eine mit den französischen Nationalfarben Blau, Weiß, Rot umrandete Marianne mit der Devise »Freiheit, Gleichheit, Brüderlichkeit« zeigt. Obey hatte dem Kandidaten Macron das Werk während des Wahlkampfs geschenkt. Der Künstler hat Erfahrungen mit Präsidentschaftswahlkämpfen: 2008 war er einer breiten Öffentlichkeit durch das ikonische Plakat »HOPE« für Barack Obama bekannt geworden.

Macron hat im Wahlkampf versucht, Obamas Erfolgsrezepte nachzuahmen. In einer Videoaufzeichnung sprach sich Obama kurz vor dem zweiten Wahlgang für den jungen französischen Kandidaten aus: »Er hat sich für liberale Werte eingesetzt. Er spricht die Hoffnungen der Menschen an, nicht ihre Ängste.« Der französische Intellektuelle Régis Debray sieht in Macrons Wahlsieg den Triumph eines »globalisierten Neo-Protestantismus«. Macron wolle Frankreich in einer euro-amerikanischen Zivilisation »auflösen«, in der alles der Wirtschaftlichkeit untergeordnet werde, kritisiert Debray. Vorwürfe wie diesen hat Macron an sich abprallen lassen. Aber es ist unübersehbar, dass er wie viele junge Franzosen seiner Generation manchen Traditionen der amerikanischen Demokratie einiges abgewinnen kann. So hat er sich von den amerikanischen Präsidenten abgeguckt, wichtige Gesetze vor laufenden Kameras in seinem hochherrschaftlichen Büro im Élysée-Palast zu unterzeichnen. Dies soll den Franzosen die Bedeutung der Gesetzesänderungen vor Augen führen. Zudem machte Macron sofort von seinem Recht Gebrauch, sich in einer Art französischen »State of Union«-Rede an die Nation zu wenden. Diese Neuerung nach amerikanischem Vorbild verdankt er Nicolas Sarkozy, der die Verfassung entsprechend ändern ließ. In Versailles sprach Macron vor den versammelten Volksvertretern, Abgeordneten und Senatoren. Jedes Jahr will der Präsident vor der Kulisse des früheren Königsschlosses auf diese Weise eine Rede an die Nation halten. Nach heftiger Kritik hat er allerdings aufgehört, beim Abspielen der Nationalhymne wie die amerikanischen Präsidenten die Hand ans Herz zu führen.

Medienauftritte, insbesondere im Fernsehen, sind für ihn Inszenierungen, mit denen er seine Botschaften verbreitet. Mal können die Fernsehzuschauer den in seinem Büro aushängenden Lieblingsspruch Macrons lesen: »Diejenigen, die glauben, es sei nicht möglich, werden gebeten, diejenigen nicht zu stören, die es versuchen.« Dann wieder zoomt die Kamera den Tisch heran, auf dem der Präsident einen blau-weiß-rot bemalten Kieselstein platziert hat, den ihm die Angehörigen der Toten von Nizza schenkten. Der Kieselstein soll an den Terroranschlag auf der Strandpromenade erinnern, bei dem am 14. Juli 2016 85 Menschen starben, darunter viele Kinder. Macron will damit zeigen, dass er sich des Terrortraumas bewusst ist, das seit dem Blutbad in der Redaktion der Satirezeitung *Charlie Hebdo* und der Geiselnahme im jüdischen Supermarkt in Paris im Januar 2015 auf dem Land lastet.

Macron hat sich angewöhnt, seine politischen Botschaften in Szene zu setzen. Nicht immer beweist er ein glückliches Händchen. Sein bis ins Detail durchinszeniertes Fernsehgespräch am 17. Dezember 2017 im staatlichen TV-Sender France 2 stieß auf heftige Kritik. 45 Minuten lang lustwandelte der Präsident durch den Élysée-Palast, zeigte die Räumlichkeiten und antwortete auf die anbiedernden Fragen des Journalisten Laurent Delahousse. »Ich will keine Leute, die herumsitzen und sich darüber freuen, dass sie einen Ministerposten innehaben. Ich will Leute, die handeln«, sagte Macron. Er selbst stellte sich als Workaholic dar, dem die in jedem Winkel und auf jedem Kaminsims tickenden Standuhren signalisieren, dass für die Veränderung nie genügend Zeit bleibt. Kritische Fragen an den Staatschef blieben aus. Der Journalist nickte ihm beim Gang durch die ehrwürdigen Hallen stets zustimmend zu und war vor allem bemüht, ihm

Vorlagen zur Selbstbeweihräucherung zu geben. Er schlafe so wenig, sorgte sich etwa der TV-Moderator: »Es heißt, Sie schicken noch in der Nacht Kurznachrichten an Ihre Mitarbeiter!« Macron lächelte, er brauche halt nicht viel Schlaf, und so oft komme es auch nicht vor, dass er SMS zu nachtschlafender Zeit versende. Die ehrerbietende Haltung des Journalisten gipfelte in der rhetorischen Abschlussfrage: »Was möchten Sie den Franzosen sagen? Fürchtet euch nicht vor all den Revolutionen, die ich anzetteln werde?«

Als besonders »revolutionär« präsentierte Macron, dass er den Louis-XV-Schreibtisch mit der Arbeitsfläche aus rotem Leder, an dem schon Republikbegründer Charles de Gaulle arbeitete, ans Fenster gerückt hat. »Da stand er noch nie«, sagte der Präsident mit ernster Miene im Interview. Manchmal wirkt sein mit Symbolen ausgeschmückter Veränderungswille übertrieben. Seitdem sitzt Macron also mit dem Rücken zu dem großen Fenster, das den Blick auf die sorgsam gepflegten Gartenanlagen des Élysée freigibt. Vor dieser Garten-Perspektive entstand auch sein Amtsporträt, das inzwischen in allen Rathäusern, Botschaften und anderen Amtsstuben hängt. Macron lehnt an der Tischkante des Schreibtisches, eingerahmt von der französischen Trikolore und der Europaflagge. Auf dem Schreibtisch liegen zwei Smartphones und drei Bücher, eines davon ist aufgeschlagen. Modern und klassisch zugleich, so will sich der Präsident selbst sehen, und so sollen ihn andere sehen. Bei den Büchern handelt es sich um »Rot und Schwarz« (»Le rouge et le noir«) von Stendhal und um André Gides »Früchte der Erde« (»Les nourritures terrestres«). Aufgeschlagen ist eine Seite aus de Gaulles »Kriegsmemoiren«.

Das Amtsporträt hat Macrons Hoffotografin Soazig de la Moissonnière aufgenommen. Die junge Frau aus der Bretagne genießt als einzige das Vorrecht, den Präsidenten überallhin begleiten und fotografieren zu dürfen. Macron vertraut auf die Symbolkraft von Bildern. Sein Amtsporträt zeigt ihn als literarischen Schöngeist und Hightech-Freak zugleich. Zugleich, das heißt auf Französisch »en même temps«. So lautet sein Motto, das seinem Wunsch entspricht, ein neues Frankreich zu verkörpern, das sich seiner geistigen Wurzeln bewusst ist und es »en même temps« mit den Herausforderungen der Moderne aufnimmt.

Macron hat auf einer zierlichen gepolsterten Sitzbank Platz genommen, seine strahlend blauen Augen funkeln, als er seinen Einzug in den Élysée-Palast in unserem Gespräch rückblickend als »Ding der Unmöglichkeit« beschreibt. Noch Ende 2016 sei seine Kandidatur wie ein tollkühnes, zum Scheitern verurteiltes Projekt erschienen. »Aber ich habe immer geglaubt, dass meine Wahl möglich und sogar wahrscheinlich sei, weil sie dem tiefsten Verlangen des französischen Volkes entsprang«, sagt Macron und ergänzt: »Das Volk ist von einem Willen zu einem tiefen Transformationsprozess getragen.« Es habe sich zugunsten Europas aufgebäumt. Macron war der einzige der elf Präsidentschaftskandidaten, der die europäische Einbettung Frankreichs nicht nur bejahte, sondern sie zu verstärken versprach. Europa bildete sein Alleinstellungsmerkmal, dem er auch fortan Geltung verschaffen will.

Macron bekundet, er sei von Hegels Geschichtsphilosophie zutiefst überzeugt und sehe sich »als Instrument des Weltgeistes«. Er wolle seine eigene Bedeutung nicht überschätzen, aber er glaube, dass er mit seinem proeuropäischen Reformprogramm einer in langen Jahren herangereiften Überzeugung einer Mehrheit der Franzosen entspreche. Macron lächelt gewinnend: »Jetzt muss ich mich den Erwartungen des Volkes würdig erweisen. Die Aufgabe ist immens«, sagt er.

Am Vortag unseres Gespräches hat der Präsident in aller Diskretion seinen vierzigsten Geburtstag gefeiert. Ein 22 Jahre alter Nachwuchskonditor aus dem Alpenort Annecy hatte zusammen mit seinem Vater eine Geburtstagstorte aus Himbeer- und Haselnussmousse kreiert: In der Mitte von herumwirbelnden weißen Zuckerflocken und Rosenblättern prangten die Ziffern 40 aus Zuckerguss. Selbst das Kuchenstück ist dem Präsidenten Programm: Der junge Konditormeister Louis Agnellet hatte bei den Weltmeisterschaften der Berufe 2017 (»World Skills«) in Abu Dhabi den zweiten Platz errungen. Macron beauftragte ihn mit der Tortenfertigung, um die in Frankreich lange vernachlässigten Handwerksberufe aufzuwerten. Und zur Feierstunde am 21. Dezember 2017 im Élysée-Palast lud der Staatschef diejenigen ein, die ihm das Tagwerk erleichtern: Sekretärinnen und die Lakaien in schwarzer Livree, die im Élysée-Palast mit Ehrfurcht gebietender Stimme »Monsieur le Président de la République« ankündigen und auf silbernen Tabletts frische Getränke für die Besucher bringen. Auch einige Sicherheitsbeamte und Angehörige der Republikanischen Garde sowie seine engsten Mitarbeiter durften mit einem Glas Champagner auf sein neues Lebensjahrzehnt anstoßen.

Schon frühzeitig ist Macron durch sein Interesse an den Männern und Frauen aufgefallen, die in der stark hierarchisch organisierten französischen Gesellschaft oftmals übergangen werden. Während seines Studiums an der Hochschule für Politikwissenschaften »Sciences Po« hielt er täglich einen Schwatz mit dem jeweiligen Pedell, der am Eingang wachte. Im Bankhaus Rothschild hat sich Macron als besonders umgänglicher Mitarbeiter eingeprägt, der nicht nur seine Vorgesetzten freundlich begrüßte, sondern immer auch ein nettes Wort für die Sekretärinnen hatte. »Er tat etwas, was eigentlich normal sein sollte, aber was viele im Berufsleben vergessen: Er bedachte alle mit Wohlwollen und Freundlichkeit«, erinnert sich David de Rothschild.

Von einer neuen Arroganz der Macht lässt der Präsident in seinem hochherrschaftlichen Arbeitszimmer im Élysée-Palast nichts spüren. Macron versprüht einen mitreißenden Geist des Optimismus, mit dem er auch Deutschland anzustecken hofft. Gerade hat er sich von Palästinenserpräsident Mahmud Abbas verabschiedet, der nach der Anerkennung Jerusalems als Hauptstadt Israels durch die Vereinigten Staaten von Amerika schwarzmalt und eine Friedensperspektive für den Nahen Osten für ausgeschlossen hält. Nach dem Gespräch reist der Präsident zu den französischen Truppen nach Niamey, die von dem westafrikanischen Land aus gezielte Antiterroraktionen gegen die unverändert kampfbereiten dschihadistischen Gruppen im Sahel-Gebiet unternehmen. Zwischen diesen beiden Krisenherden nimmt sich Deutschland wie ein beruhigender Hort der Stabilität aus.

»Deutschland habe ich mir zuallererst über die Literatur erschlossen. Für mich war es wichtiger, statt schnelllebiger Eindrücke eine echte literarische, philosophische und musikalische Beziehung zu Deutschland zu entwickeln«, erzählt Macron. An der Jesuitenschule La Providence, die er von der sechsten bis zur elften Klasse besuchte, lernte er Deutsch. Seine deutschen Sprachkenntnisse bräuchten Auffrischung, sagt er, aber sein diplomatischer Berater Philippe Étienne, der frühere französische Botschafter in Berlin, widerspricht heftig. Macron habe hervorragende Sprachkenntnisse, versichert er, was den Präsidenten zum Lachen bringt. »Angela Merkel verstehe ich ganz gut, sie drückt sich immer klar und deutlich aus«, gesteht er. Aber anderen Politikern, zum Beispiel Wolfgang Schäuble oder Horst Seehofer, könne er nicht folgen. In jedem Fall gehe er nicht wie Wladimir Putin vor, der dafür bekannt ist, dass er bei besonders brisanten Verhandlungen in deutscher Sprache auf Angela Merkel einredet.

Während der Präsident vor Donald Trump, Theresa May oder Bill Gates ohne zu zögern in die englische Sprache umschwenkt, hält er sich im Deutschen zurück – ein klares Zeichen seines hohen Perfektionsanspruches an sich selbst. Ganz offensichtlich will er sich keinerlei Blöße geben. Macron ist ein high achiever, der eventuelle Schwächen lieber verbirgt. Deshalb hielt er seine Wahlkampfrede an der Humboldt-Universität im Januar 2017 in Berlin auch lieber in englischer statt in deutscher Sprache. Gleichwohl hat sich der Präsident beim Regieren mit ungewöhnlich vielen Leuten umgeben, die im Deutschunterricht gut aufgepasst haben. Da ist zuerst Brigitte Macron, die mehrere Jahre in Straßburg lebte, fließend Deutsch spricht und mit ihrem Mann eine große Bewunderung für Goethe teilt. Brigitte hat ihr eigenes Büro im Élysée-Palast und mehrere Mitarbeiter. Der neue Generalsekretär im Élysée-Palast, Alexis Kohler, versteht genauso gut Deutsch wie Macrons brillanter Europaberater Clément Beaune, der am Europakolleg in Brügge studierte. Die Abteilung »Reden und Gedenken« wird vom polyglotten Germanisten Sylvain Fort geleitet. Der Schiller-Fachmann Fort genießt großen Einfluss und zeichnet sich durch eine geradezu grenzenlose Bewunderung für das deutsche Kulturerbe aus. Macrons Chefdiplomat Philippe Étienne vereint in Personalunion ungewöhnlich viele Qualitäten: Er spricht perfekt Deutsch und arbeitete zwischen

2014 und 2017 als Botschafter in Berlin, er ist ein intimer Kenner des EU-Getriebes in Brüssel, wo er zuvor als ständiger Vertreter Frankreichs wirkte, er spricht Serbokroatisch und Russisch und ist dazu ein Mathe-Crack. Die Liste der Deutschlandkenner ließe sich noch fortsetzen: Premierminister Édouard Philippe verbrachte entscheidende Jugendjahre in Bonn, wo er sein Abitur ablegte. Wirtschafts- und Finanzminister Bruno Le Maire spricht fließend Deutsch und ist bestens in der CDU verdrahtet. Die ehemalige Verteidigungsministerin Sylvie Goulard, die von Macron weiterhin zurate gezogen wird, verfügt über ein engmaschiges Kontaktnetz in Deutschland und spricht Deutsch wie ihre Muttersprache.

So viel geballte Deutschland-Kenntnis war selten an der französischen Staatsspitze anzutreffen. Aber wird sie die Verständigung verbessern? Macron hofft darauf. Er selbst nahm als Jugendlicher zwei Mal an einem Schüleraustausch nach Dortmund teil, einmal in der Mittelstufe, ein zweites Mal an der gymnasialen Oberstufe. Aber viel stärker als diese Aufenthalte in deutschen Familien haben ihn seine literarischen, philosophischen und musikalischen Ausflüge in den deutschen Kulturraum geprägt. Wenn er von Hegel schwärmt, Schillers universale Botschaft betont und Bach als Puristen feiert, dann drängt sich der Verdacht auf, dass Macron Deutschland vielleicht ein bisschen zu sehr als Kulturnation idealisiert.

Die Geschichte des Zweiten Weltkrieges hat er, der Spätgeborene, sich durch die Résistance-Novelle »Das Schweigen des Meeres« (»Le Silence de la mer«) von Vercors erschlossen. Seine Großmutter mütterlicherseits, die wichtigste Bezugsperson seiner Kindheit und Jugend, hatte ihm das Buch zum Lesen gegeben. Seine beiden Großväter haben das Grauen des Krieges persönlich erlebt. Macron erwähnt im Gespräch besonders seinen Großvater mütterlicherseits, der viereinhalb Jahre als Kriegsgefangener in deutschen Lagern zubrachte. Aber Hass auf die Deutschen hätten die Großeltern nicht entwickelt, davon zeuge auch die Buchempfehlung an den Enkel. »Das Schweigen des Meeres« erzählt vom stummen Widerstand, den zwei Franzosen während der deutschen Besetzung ihrem Quartiergast, einem deutschen Offizier, entgegenbringen. Die junge Französin und ihr Onkel ziehen es vor, den Deutschen nicht zu sehen und nicht mit ihm zu reden: »In stillschweigender Übereinkunft hatten meine Nichte und ich beschlossen, an unserem Leben nichts zu ändern, auch nicht die geringste Kleinigkeit: Als gäbe es den Offizier gar nicht; als wäre er ein Gespenst.« Der ungebetene Hausgast aus Deutschland beginnt aber immer von sich aus das Gespräch, in dem er seine Liebe zur französischen Kultur offenbart. Als er die rücksichtslosen Ziele der deutschen Politik erkennt, nimmt er innerlich zerbrochen Abschied. Das ist das einzige Mal, dass die junge Französin ihr Schweigen bricht; sie haucht dem deutschen Offizier ein »Adieu« entgegen. Vercors, eigentlich Jean Marcel Bruller, hatte das Buch in Villers-sur-Morin bei Paris geschrieben, wo er sich während der Besetzung versteckt hielt. Vercors hatte sich der Résistance angeschlossen und verfolgte mit dem Text das Ziel, alle zum passiven Widerstand aufzurufen. Er gründete im Jahr 1942 den Untergrundverlag »Editions de Minuit«, der zur Zuflucht für von den Nazis verbotene Autoren wurde. Macron hebt hervor, dass Vercors in »Das Schweigen des Meeres« auf Schwarzmalerei verzichtete. Der deutsche Offizier wird nicht als furchterregender Erbfeind porträtiert, sondern als kultivierter Mensch. Für den Präsidenten hält das Buch ähnlich wie Irène Némirovskys Roman »Suite française« alle Optionen für eine spätere Verständigung zwischen Deutschen und Franzosen offen.

Es sagt viel über Macron aus, dass er über die gemeinsame Kultur das Vertrauen aufbauen will, an dem es noch mangelt, um dem europäischen Projekt zum Durchbruch zu verhelfen. Er hat eine universelle Bestimmung in den schönen Künsten ausgemacht, die auch Deutschland daran hindern sollte, sich einem vertieften Europa zu verschließen. Wenn er das Erstarken einer national-antieuropäischen Partei wie der »Alternative für Deutschland« (AfD) als Warnsignal ernst nimmt, glaubt Macron nicht an eine Abwendung des Nachbarn vom europäischen Projekt. Die Einwanderungsfrage sei mit Sicherheit eines der großen strukturierenden Zukunftsthemen. »Sie gestaltet das europäische Projekt und ist bestimmend für das Bewusstsein der jungen Generationen«, sagt er. Er glaube »absolut nicht an die große Selbstauflösung der Völker und der Nationen«. Für ihn seien Grenzen eine Notwendigkeit. »Das europäische Projekt ist für mich das eines solidarischen Machtgebildes, und es braucht Grenzen«, sagt er. Offene Grenzen oder ein Rückzug in die Nation seien keine Alternativen. Vielmehr müsse ein gemeinsamer europäischer Raum mit gesicherten Grenzen und einer harmonisierten Asylpolitik das Ziel sein. Rückzug ins Nationale sei keine Option für eine Kulturnation in der Mitte Europas wie Deutschland. »Wer Kant und Hegel hervorgebracht hat, kann sich nicht abschotten«, sagt Macron lächelnd. Die deutsche Sehnsucht nach einer großen Schweiz kommentiert er schmunzelnd mit einem Verweis auf den Dialog aus dem legendären Film »Der dritte Mann« nach dem Drehbuch von Graham Greene. Schauspieler Orson Welles sagt in dem Kinoklassiker: »In den dreißig Jahren unter den Borgias hat es nur Krieg gegeben, Terror, Mord und Blut. Aber dafür gab es Michelangelo, Leonardo da Vinci und die Renaissance. In der Schweiz herrschte brüderliche Liebe, 500 Jahre Demokratie und Frieden. Und was haben wir davon? Die Kuckucksuhr!« Auch wenn die Schweiz nie Kuckucksuhren produzierte, findet Macron das Bild passend.

Aus seiner Sicht würde Deutschland einen historischen Fehler begehen, wenn es im Misstrauen gegenüber Frankreich gefangen bleibe und den europäischen Verhandlungsspielraum durch rote Linien von vornherein verenge. Er habe Vertrauen in den europäischen Gestaltungswillen Deutschlands. »Deutschland steht davor, diesen Sprung zu wagen, ein Risiko zugunsten des europäischen Einigungsprozesses einzugehen. Frankreich hat es vorgemacht, jetzt ist es an Deutschland«, sagt er.

Mit seinem europäischen Ehrgeiz trägt Macron der neuen geopolitischen Situation Europas Rechnung. Ihm hat sich ins Bewusstsein eingebrannt, dass die vom amerikanischen Schutz verwöhnten Europäer künftig nicht mehr automatisch auf Hilfe aus Washington zählen können. Aus Macrons Sicht ist Amerika – unabhängig von der Person Donald Trumps – dauerhaft seiner Rolle als stets verfügbare Schutzmacht Europas überdrüssig. Deshalb treibt der Präsident die Europäer dazu an, ihre Verteidigungszusammenarbeit zu verstärken, aber vor allem auch eine gemeinsame Sicherheitskultur zu entwickeln. Die systemischen Unterschiede – er kann ohne Parlamentsvorbehalt französische Soldaten in Krisengebiete beordern, während in Berlin langwierige parlamentarische Abstimmungsprozesse notwendig sind – respektiert er. Das wurde bei seiner ersten außereuropäischen Reise als Präsident auf den Militärstützpunkt Gao in Mali deutlich. Nahe der Wüstenstadt sind französische Truppen der Mission »Barkhane« stationiert, gleich daneben befindet sich das

»Camp Castor« der Bundeswehr. Sie ist Teil der Mission »Minusma« der Vereinten Nationen. Französische und deutsche Soldaten arbeiten Seite an Seite. Während die Franzosen in gefährlichen Antiterrormissionen gegen islamistische Terroristen Krieg führen, tragen die Deutschen mit Transport- und anderen unterstützenden Diensten zur Stabilisierung des Landes bei. Macron will an der Aufgabenteilung nicht rütteln. Das betont er, als er am 20. Mai 2017 in der glühenden Wüstenhitze zur Truppe spricht. Ausdrücklich hat er darauf bestanden, dass auch eine deutsche Delegation zu der Zusammenkunft geladen wird. Die Einladung war bei Macrons Antrittsbesuch bei der Bundeskanzlerin in Berlin auf den Weg gebracht worden. Den deutschen Oberst Ralf Jung, der dem Stab der Vereinten Nationen der »Minusma«-Mission angehört, würdigt der Präsident mit besonderer Wertschätzung. Jung führt die kleine deutsche Delegation in Gao an. Macron spricht in Mali von »unseren deutschen Waffenbrüdern« und führt sofort vor, dass sein Werben für Europa nicht mit dem Wahltag aufgehört hat. Auch in seiner am stärksten von nationaler Tradition geprägten Rolle als »Chef des armées« denkt er europäisch. Der Beitrag der Bundeswehr in Mali, so Macron, sei ein wesentlicher Baustein zur europäischen Verteidigungsgemeinschaft. »Deutschland zeigt durch die Präsenz der Bundeswehrsoldaten an unserer Seite seine Verantwortungsbereitschaft und seinen Solidaritätsgeist«, betont er in seiner Rede an die eigene Truppe. Knapp tausend Bundeswehrsoldaten sind im »Camp Castor« stationiert, der französische Militärstützpunkt ist mit 1600 Mann besetzt. »Wenn man mir vor fünf Jahren gesagt hätte, dass so viele deutsche Soldaten uns in Afrika verstärken, ich hätte es nicht geglaubt«, pflichtete Jean-Yves Le Drian dem Präsidenten bei. Le Drian wirkte zwischen 2012 und 2017 als französischer

Verteidigungsminister und begleitete Macron in seiner neuen Funktion als Europa- und Außenminister nach Mali.

Bei seinem Besuch in Gao flog Macron auch in einem Kampfhubschrauber mit, um sich einen Eindruck vom Alltag der Soldaten zu verschaffen. In unserem Gespräch schildert er, wie sehr es ihn beschäftigte, was die Offiziere ihm über den europäischen Kampfhubschrauber »Tiger« berichteten. Obwohl der »Tiger« (oder »tigre« auf Französisch) aus einem gemeinsamen deutsch-französischen Rüstungsprogramm hervorgegangen ist, können die Piloten beider Länder die Hubschrauber nicht ohne langwierige Umschulung benutzen. Das liegt daran, dass die französischen und die deutschen Ausstattungsvarianten so stark voneinander abweichen, dass außer dem Namen nicht viele Gemeinsamkeiten übrig bleiben. Die französischen Tiger-Kampfhubschrauber haben beispielsweise Vorrichtungen für »Hellfire«-Marschkörper, die den deutschen Modellen fehlen. Macron äußert den Wunsch, dass bei den Beschaffungsprogrammen künftig stärker an die Konvergenz gedacht wird. Denn dann wäre es möglich, Besatzungen untereinander auszutauschen, sich bei der Beschaffung von Ersatzteilen auszuhelfen und auch bei der Wartung und Schulung gemeinsam vorzugehen. Hubschrauber seien für den Erfolg des Krieges gegen die islamistischen Terroristen in einem Wüstengebiet wie Mali entscheidend, weiß Macron. Von der Bundeswehr werde nicht erwartet, genauso kampfbereit und schnell verlegbar wie die französischen Streitkräfte zu sein, betont der Präsident: »Keine andere europäische Armee hätte im Januar 2013 so schnell intervenieren können wie die französische.« Damals drohten islamistische Terroristen die Hauptstadt Bamako einzunehmen und ganz Mali zu unterwerfen. Gao war monatelang in der Hand der

Islamisten, bis die Stadt am Fluss Niger von der französischen Armee befreit wurde.

»Die Sicherheit Europas wird in Mali geschützt«, betont der Präsident, auch wenn es vordergründig darum gehe, die Stabilität Malis und der anderen Sahel-Staaten zu sichern. Aber natürlich treibt den französischen Präsidenten auch die Sorge vor neuen Flüchtlingsströmen nach Europa an. Macron ist davon überzeugt, dass sich auch Deutschland vor einer mit der Flüchtlingskrise von 2015 vergleichbaren Krise bewahren will. Deshalb hat er sich von Anfang an auch bemüht, Deutschland mit in die von Frankreich angestoßene Sicherheitsinitiative der Sahel-Staaten G5 (Mali, Niger, Tschad, Mauretanien und Burkina Faso) einzubinden. Die fünf Länder sollen den Antiterrorkampf künftig in Eigenregie organisieren, Paris und Berlin leisten dabei nur Hilfe zur Selbsthilfe.

Emmanuel Macron gehört der ersten Generation der Franzosen an, die nicht mehr automatisch zum Wehrdienst eingezogen wurden. Im Februar 1996 hatte Präsident Jacques Chirac die allgemeine Wehrpflicht ausgesetzt. Macron zählte zu einem »Kann«-Jahrgang, verzichtete aber aufgrund seiner Vorbereitung für die Aufnahmeprüfung an der École Normale Supérieure (ENS) darauf, zu dienen. Doch als Ungedienter misst er der Armee nicht weniger Bedeutung bei als seine Vorgänger. Das war die Botschaft, die der Präsident zu den Soldaten in die Wüste Malis trug: »Sie sind unsere Wachposten! Sie sind unser Schutz gegen die Exzesse des Terrorismus, des Extremismus und des Fanatismus!« Macron sagte den Soldaten, »wir müssen nicht nur den Krieg gewinnen, wir müssen auch den Frieden gewinnen«.

Das ist ihm ein großes Anliegen. Hektischer, kurzsichtiger Interventionismus, wie ihn seinerzeit Präsident Nicolas Sarkozy in der Libyen-Krise an den Tag legte, ist seine Sache nicht. Er ist kein Möchtegern-Feldherr, sondern ein strategisch denkender Staatsmann, der immer schon den nächsten und übernächsten Schritt bedenkt. Auch scheint sich ihm, dem literarisch-musischen Schöngeist, das militärische Ehrverständnis nicht immer sofort zu erschließen. Das zeigte sich am Vorabend des Nationalfeiertages 2017, als er den Generalstabschef Pierre de Villiers in Anwesenheit hochrangiger amerikanischer Militärs rügte. Villiers war zutiefst getroffen und reichte sein Rücktrittsgesuch ein, das Macron annahm. »Ich bin der Chef«, hatte Macron vor der eigenen Militärhierarchie betont. Er gab damit zu verstehen, dass er sich als Armeechef nicht genügend respektiert fühlte. Zum ersten Mal offenbarte er, wie wenig er Kritik aus den eigenen Reihen erträgt. Generalstabschef Villiers hatte ihm geplante Einsparungen bei der Armee vorgehalten.

Die Rolle eines postkolonialen Gouverneurs behagt Macron dabei genauso wenig. Das zeigte er, als er mit dem malischen Präsidenten Ibrahim Boubacar Keïta in Gao zusammentraf. Wiederholt versuchte er darauf hinzuweisen, dass nicht er der Staatschef Malis sei, sondern sich nur als Vertreter einer helfenden Nation sehe. »Ich werde unsere Soldaten nicht Todesgefahr aussetzen, wenn nicht alle Regierungen, die für die Lage vor Ort verantwortlich sind, ihre volle Verantwortung tragen«, sagte Macron. Er wisse, dass die »extreme Armut den Nährboden für den Terror bildet«, weshalb der Präsident auch dafür plädiert, die Entwicklungshilfe für die Länder der Sahelzone zu verstärken. Gerade auf diesem Gebiet könne die EU sehr viel mehr tun.

Was den Bereich Verteidigung angeht, ist Macron optimistisch, dass sich die Zusammenarbeit mit Europa, namentlich mit Deutschland, in den nächsten Jahren weiter ausbauen lässt. »Ich glaube, dass Deutschland dabei ist, sein ›aggiornamento‹ in der Verteidigungsfrage zu vollziehen. Im politischen Leben darf man manchmal reife Früchte ernten, während man sich anderswo abmüht, um die Reife zu beschleunigen. Es gibt da sehr schwierige Themen, zum Beispiel den Haushalt für die Euro-Zone. Aber die Verteidigung ist eine reife Frucht, weil die Bundeskanzlerin einen enormen psychologischen und kulturellen Wandel vorangetrieben hat. Ihr ist es gelungen, Deutschland verstärkt in Militäroperationen zu engagieren. Sie hat die Revolution der Mentalitäten schon vollbracht. Jetzt müssen wir noch eine gemeinsame europäische Sicherheitskultur begründen«, sagt Macron.

Sicherheit und Verteidigung, diese beiden Themenbereiche stellte Macron auch seiner Sorbonne-Rede voran. Damit entsprach er einem Wunsch der Bundeskanzlerin, der er eine Kopie des Manuskripts vorab zugesandt hatte, um auf mögliche Einwände in Berlin Rücksicht nehmen zu können. Macron will aus verständlichen diplomatischen Gründen nicht verraten, was genau die Änderungswünsche aus dem Bundeskanzleramt waren. Aber auffällig ist, wie kurz in der Rede an der altehrwürdigen Universität die Passage über die Wirtschafts- und Währungsunion ausgefallen ist. Der Präsident hat darauf verzichtet, seine mittel- und langfristigen Vorstellungen zu präzisieren. Dabei ist es kein Geheimnis, dass Macron anstrebt, das Werk Jacques Delors' zu vollenden, der mit Helmut Kohl und François Mitterrand als Vater des Euro gelten kann.

Delors ist gut ein halbes Jahrhundert älter als Macron, und er hatte von Anfang an vorgesehen, dass sich Währungs- und Wirtschaftspolitik in der Euro-Zone die Waage halten. So stand es in dem Delors-Bericht, der von einem Komitee unter Leitung des damaligen EU-Kommissionspräsidenten erarbeitet wurde und als Blaupause für den Maastrichter Vertrag diente. Doch das Vorhaben, die Wirtschaftspolitik innerhalb des gemeinsamen Währungsraums besser zu koordinieren, scheiterte damals am deutschen Widerstand. Macron fühlt sich der Denkschule Delors' verbunden, der nicht müde wurde, die mangelnde makroökonomische Koordination zu beklagen. Delors erinnerte dabei immer an das deutsche Modell: »Die Bundesbank hatte beträchtlichen Einfluss, aber sie hat in Osmose mit der Bundesregierung operiert. Diese Kohärenz auf beiden Ebenen fehlt heute in Europa«, sagte er im Gespräch mit der Autorin schon vor fünfzehn Jahren.

Macron hat frühzeitig mit Rücksicht auf deutsche Vorbehalte aufgehört, die Idee von Eurobonds weiterzuverfolgen, die sowohl Delors als auch François Hollande als sinnvoll erachteten. Schon im Wahlkampf hat er nie Eurobonds ins Spiel gebracht und hat auch als Präsident nie einer Vergemeinschaftung von Altschulden das Wort geredet. Dennoch ist ihm wiederholt in der deutschen Presse unterstellt worden, dass er in Wahrheit den Deutschen Eurobonds aufzwingen wolle. Macron weiß, wie tief der Argwohn sitzt. Er hat verfolgt, wie sehr die Idee durch die deutsche Debatte geistert, auch dieser junge Präsident mit dem sympathischen Antlitz habe es nur auf deutsche Geldtöpfe abgesehen. »Eurobonds, die auf die Vergemeinschaftung aller Schulden hinauslaufen, sind für mich inakzeptabel«, betont Macron im Gespräch. Aber die Euro-Zone müsse in ihre Zukunft investieren, deshalb müsse auch über einen gemeinsamen Haushalt nachgedacht werden.

Dieser Idee liegt eine weitere bereits von Delors geprägte Vorstellung zugrunde: dass die Mitgliedsstaaten der Euro-Zone eine Art Kerneuropa bilden, das dazu bestimmt ist, seine Zusammenarbeit zu vertiefen. Im europäischen Einigungsprozess habe es immer Differenzierungen gegeben, lautet auch Macrons Einsicht. Es gibt die gemeinsame Währung für die Länder der Euro-Zone, einheitliche Freizügigkeitsregeln für die Mitglieder des Schengen-Raums und künftig auch eine Verteidigungsunion (Pesco) von 23 EU-Ländern. Dieses Europa der verschiedenen Geschwindigkeiten sieht Macron als Weg, Fortschritte zu erzielen, ohne dass die Unwilligen die Willigen ausbremsen.

»Sollten wir bei unseren Verteidigungsanstrengungen, im Kampf gegen den Klimawandel, bei der Digitalisierung, dem Schutz unserer gemeinsamen Außengrenzen und der Entwicklungshilfe stärker zusammenarbeiten wollen, dann müssen wir schrittweise unsere Mittel gemeinsam nutzen und unsere Investitionskapazität ausbauen. Jedes Mal geht es um ganz konkrete Themen: Wir haben einen Fonds für Migrationsfragen, wir erhöhen das Budget für Frontex, um unsere Grenzen besser zu schützen. Zu einem gewissen Zeitpunkt werden wir einen Mechanismus brauchen, um Asyl und Integration zu steuern. Wir sind dabei, unsere verstärkte militärische Zusammenarbeit über einen europäischen Fonds zu finanzieren. Wir schaffen auf diese Weise finanzielle Mittel je nach Thematik, meistens auf intergouvernementaler Ebene«, sagt Macron. Im Grunde seien wir schon dabei, einen parallelen Haushalt zu schaffen. »Alle Staaten, die Teile ihrer Souveränität zusammengelegt haben, haben sich irgendwann zu einem gemeinsamen Haushalt entschlossen«, glaubt der Präsident. Ihm wohnt die Überzeugung inne, dass Europa nicht unwiederbringlich blockiert ist. Von Hegel hat er gelernt, dass sich zu jeder festgewordenen Wirklichkeit eine Bewegung denken lässt, die das wieder auflöst: Deswegen ist er der Präsident »en marche«.

Kapitel 2

EIN LEBEN ALS MODERNER BILDUNGSROMAN:

Jugend- und Lehrjahre in Amiens und Paris

Der Schriftsteller Michel Houellebecq nennt Emmanuel Macron »einen seltsamen Menschen«. Er lasse sich nicht entschlüsseln. Die Journalistin Anne Fulda bezeichnet ihn als »unergründlich«. Und der Autor Philippe Besson hat in ihm »eine Romangestalt« entdeckt. Macron gibt Rätsel auf, so viel ist gewiss.

Der 1977 geborene Arztsohn wuchs fern von Paris in der Provinz auf, in der vom industriellen Strukturwandel besonders getroffenen Stadt Amiens im Norden Frankreichs. Dennoch erscheint er den meisten Franzosen wie ein Hauptstadtgeschöpf, wie ein eleganter Kosmopolit, der schon immer in den Pariser Salons zu Hause war. Am schärfsten hat dieses Vorurteil Laurent Wauquiez formuliert, der Chef der Republikaner. Dem Präsidenten hafte »ein Hass auf die Provinz« an, behauptet er. Die Rechtspopulistin Marine Le Pen zeichnet von Macron das Bild eines vaterlandslosen Gesellen, der allein den Interessen einer internationalen Finanzoligarchie diene. Und Jean-Luc Mélenchon, Wortführer der politischen Linken, spricht ihm die Volksnähe ab. Macron sei »von nirgendwo«.

Der Kontrast zwischen Fremd- und Selbstwahrnehmung ist

bemerkenswert und sagt viel über das komplexe Verhältnis vieler Franzosen zu ihrem Präsidenten aus. Denn gerade Emmanuel Macron hat im Wahlkampf tiefe Einblicke in seine Familiengeschichte gewährt. Er hat über seine Urgroßeltern mütterlicherseits gesprochen, die aus dem Pyrenäen-Dorf Bagnères-de-Bigorre stammen. Er hat diese Vorfahren beschrieben, den Bahnhofsvorsteher und die Putzfrau, und ein bisschen klang es wie in Gerhart Hauptmanns Novelle »Bahnwärter Thiel«. Er hat von seiner geliebten Großmutter erzählt, der Tochter der Bahnwärterfamilie, die es mit Fleiß und Begabung schaffte, den vorgezeichneten Bahnen zu entfliehen. Gern schilderte er die Anekdote, wie die Großmutter als Schülerin von ihrem gestrengen Vater bestraft wurde, weil in ihrem Zeugnis stand, sie sei »in jeder Hinsicht gut«. Der Vater glaubte, die Tochter habe sich nicht züchtig genug verhalten, und ohrfeigte sie wegen dieser vermeintlichen Liederlichkeit. Ihr gelang es, nach dem hart erkämpften Schulabschluss über ein Fernstudium die Lehramtsprüfung abzulegen. Das erlaubte ihr, sich aus der beengenden Dorfgemeinschaft zu lösen. Sie erhielt eine erste Anstellung als Lehrerin in Nevers und holte ihre vom Vater drangsalierte, oftmals verprügelte Mutter nach. Die leidenschaftliche Pädagogin leitete am Ende ihrer Laufbahn eine Mittelschule in Amiens.

All dies hat Macron bei Wahlkampfkundgebungen und in seinem autobiografischen Buch »Révolution« preisgegeben und damit wesentlich mehr über sich selbst enthüllt als seine Amtsvorgänger. Nicolas Sarkozy hatte es tunlichst vermieden, viele Worte über seine Herkunft zu verlieren. Bei einem Besuch in der ungarischen Heimat seines Vaters hatte ihm der Bürgermeister eine sorgsam zusammengestellte Ahnenmappe mit vielen Informationen über seine Familie überreicht, aber der Präsident ließ sie in seinem Hotelzimmer liegen. Auch François Hollande legte keinen Wert darauf, dass allzu viel über seinen Vater bekannt wurde, dessen Sympathien für das französische Algerien und den Rechtspopulisten Pierre Poujade ihm peinlich waren. Macron aber erzählt die Saga seiner Familie wie einen zeitgenössischen Bildungsroman. Der bürgerliche Anstrich seiner Familie sei noch frisch, betont er, seine Großeltern stammten aus bescheidenen Verhältnissen. Ihre bürgerliche Existenz verdankten sie Arbeit und Fleiß und einem funktionierenden Schulwesen. Lehrerin, Bahnarbeiter, Sozialarbeiterin und Tiefbauingenieur waren die Berufe seiner Großeltern. Sein Vater und seine Mutter wiederum hätten Medizin studiert, weil dies ihren Eltern als Krönung des sozialen Aufstiegs erschienen sei.

Aus der Familiengeschichte macht Macron die Erzählung eines ganzen Landes. Der Traum von sozialer Mobilität hat sich für die Großeltern- und Elterngeneration erfüllt. Doch seither ist der »soziale Fahrstuhl« ins Stocken geraten, bestimmen nicht mehr Leistungsbereitschaft und Talent über Schul- und Berufslaufbahnen, sondern der Bildungshintergrund und die Vermögensverhältnisse der Eltern. Wer einen Einwanderungshintergrund hat, dessen Aufstiegschancen sind noch geringer als die der Alteingesessenen. Macron hat die Pisa-Studien, die diesen Missstand aufdecken, akribisch studiert. In Frankreich entscheidet die soziale Herkunft stärker als in Deutschland und im Rest Europas über den schulischen Erfolg. Er kennt die Sehnsucht im Land, die Perspektivlosigkeit zu beenden, die Aufstiegschancen wieder zu verbessern. Und er hat versprochen, die verkrusteten Strukturen aufzubrechen, die dazu führen, dass Lebensentwürfe wie die seiner geliebten Großmutter Seltenheit geworden sind.

Wie aber kommt es, dass Macron der Arroganz bezichtigt wird, der Hartherzigkeit und Gefühllosigkeit gegenüber einfachen Leuten? Als er im Juli 2017 in Paris in einer ehemaligen Bahnhofshalle einen im modernsten Design gestalteten Campus für Start-up-Unternehmen einweihte, sagte er: »Ein Bahnhof ist ein Ort, in dem Leute, die Erfolg haben, Leute kreuzen, die nichts sind.« Die Formulierung sorgte für Entrüstung: »Leute, die nichts sind«? Darf ein Präsident so reden? Macron glaubt, dass er es darf. Er habe die smarten Start-up-Unternehmer daran erinnern wollen, die anderen nicht zu vergessen. Der Präsident berief sich bei seiner Wortwahl auf den Schriftsteller Albert Camus. »Die Dinge schlecht benennen heißt das Unglück in der Welt vermehren«, zitiert er den Autor von »Der Fremde«. Viel zu lang hätten sich Politiker angewöhnt, die Wirklichkeit schönzureden und nicht mehr ehrlich zu sprechen. Deshalb sei es als Tabubruch empfunden worden, als er – noch als Wirtschaftsminister – den Analphabetismus vieler Arbeiterinnen des damals von Schließung bedrohten bretonischen Schlachthofs Gad ansprach. Er wurde der »sozialen Überheblichkeit« bezichtigt, dabei habe er nur ausgesprochen, was viele wussten: dass es für etliche Arbeiterinnen schwer werden würde, eine neue Stelle zu finden, da sie nur fehlerhaft Schreiben und Lesen könnten.

Im Januar 2017 beklagte er, dass »Alkoholismus, Tabakabhängigkeit und Schulabbruch« in den früheren Bergbaugebieten im Norden Frankreichs zum Alltag der Menschen gehöre. Protestierenden Arbeitern sagte er, sie sollten lieber an ihren Arbeitsplatz zurückkehren, »der beste Weg, sich einen Anzug zu kaufen, ist, hart zu arbeiten«. Bei einer Reise nach Athen im September 2017 sprach er davon, dass er sich nicht von »Faulenzern« an der Flexibilisierung des Arbeitsmarktes hindern lassen werde. Viele werteten diese Sprache als Zeichen seines Klassendünkels.

Wer Macron persönlich begegnet, der spürt nichts von Überheblichkeit. Er empfängt seine Gesprächspartner mit entwaffnender Herzlichkeit. Schon seinem Blick wohnt eine wohlwollende Neugier inne. Anders als etwa sein Vorvorgänger im Élysée-Palast, Nicolas Sarkozy, kann er zuhören. Wenn das Gesagte sein intellektuelles Interesse weckt, ist ihm die Freude an der Diskussion anzumerken. Macron haftet auch nichts Gekünsteltes an, wenn er mit weniger gebildeten Leuten spricht. Das unterscheidet ihn von Valéry Giscard d'Estaing, mit dem er oft verglichen wird. Giscard, von 1974 bis 1981 französischer Präsident, hatte einmal kurz vor Weihnachten Müllwerker zum Frühstück in den Élysée-Palast eingeladen, um seine Volksnähe zu zeigen. Aber die Unterhaltung wirkte so geziert, dass noch heute darüber gespottet wird. Macron kennt solche Berührungsängste nicht. Er beherrscht beide Rollen, die des erhabenen Staatenlenkers ebenso wie die des wohlmeinenden Landesvaters. Das merkt man auch in seinem Umgang mit Kindern. Dass er, der keine eigenen Kinder hat, den richtigen Ton trifft, konnten alle Franzosen feststellen, als er im Wahlkampf für die Fernsehsendung »Au Tableau«, das heißt »an der Tafel«, vor einer Schulklasse stand. Er sagte ihnen auch sehr offenherzig, warum er auf leibliche Kinder verzichtet hat. Seine Frau habe schon drei große Kinder mit in die Ehe gebracht, die viel Zeit und Fürsorge brauchten. Inzwischen gebe es bereits sieben Enkelkinder. Da wäre es »egoistisch« gewesen, noch um jeden Preis ein eigenes Kind haben zu wollen, sagte Macron auf eine Schülerfrage. Einige Monate später, Ende November 2017, lud er jene Schüler, die ihn im Fernsehen befragt hatten, in den

Élysée-Palast ein. Damit löste er ein Versprechen ein, das er den Kindern gegeben hatte.

Was also ist es, das Macron als Politiker vor allem fehlt? Es ist Lokalkolorit. Frankreich ist ein paradoxes Land. Die Regionen haben im Vergleich zu den deutschen Bundesländern nur geringe Kompetenzen, der Zentralstaat bleibt allmächtig. Dennoch identifizieren sich die meisten Franzosen mit einer Region, ist es ihnen wichtig, ihre lokalen Wurzeln zu betonen. Auch von ihren Politikern erwarten sie diese Verankerung. Die Präsidenten François Hollande und Jacques Chirac etwa hatten sich in jahrelanger Wahlkreisarbeit in der Corrèze an den Ausläufern des Zentralmassivs eine Bodenhaftung erworben, die bei den Franzosen gut ankam. Selbst Nicolas Sarkozy glich einem Lokalfürsten, wenn er die Geschäftsstraßen und Alleen des großbürgerlichen Pariser Vorortes Neuilly-sur-Seine entlangstolzierte, in dem er lange Jahre das Rathaus geleitet hatte. Bei Macron ist das anders. Ob als Bürgermeister oder Abgeordneter, er hat sich nie in einem Wahlkreis abgerackert, abendliche Parteiversammlungen besucht oder Wochenenden bei Parteitagen zugebracht. Er ist der erste Präsident seit Staatsgründer Charles de Gaulle, der nie ein lokales Mandat ausübte. Macron hat es nur mit Kür, aber ohne Pflicht gleich bis in den Élysée-Palast geschafft, und das nehmen ihm viele übel.

Die Autobahn A16, die von Paris nach Amiens führt, heißt »L'Européenne«, die Europäische. Ist das ein Wink des Schicksals? Gut 150 Kilometer trennen Macrons Heimatstadt von der Hauptstadt, die Provinz von der Metropole. Macrons Elternhaus liegt im Viertel Henriville, nur wenige Minuten vom Stadtzentrum entfernt. Es gilt als bürgerliches Wohnviertel, wirkt aber im

Vergleich zu den hochherrschaftlichen Villen im grünen Speckgürtel westlich von Paris, in Le Vésinet oder Vaucresson, ziemlich bescheiden. Ein Vorgarten ähnelt dem anderen, ein Backsteinhaus dem nächsten. Die schmalen Bürgersteige sind abfall- und hundekotfrei, alles strahlt eher kleinbürgerliche Biederkeit aus. Der Vater Jean-Michel Macron arbeitet im Universitätskrankenhaus von Amiens als Neurologe und bewohnt noch das Haus, in dem Emmanuel Macron groß geworden ist. Der rote Backsteinbau sieht irgendwie verwunschen aus. Die schmiedeeiserne Gittertür am Eingang knarrt und gibt den Blick auf einen leicht verwilderten Garten frei, die Büsche und Bäume sind schon länger nicht beschnitten worden. Hinter den Scheiben hängen vom Sonnenlicht vergilbte Gardinen, und aus den Fensterrahmen bröckelt der Kitt. Es fällt nicht schwer, sich den Schüler Emmanuel vorzustellen, wie er die paar Straßenzüge bis zu seiner Schule, dem Jesuitengymnasium »La Providence«, ein charakterloser Betonkomplex aus den 1950er-Jahren, zu Fuß zurücklegte. Die ursprünglichen Gebäude der traditionsreichen Schule waren während der Bombenangriffe im Zweiten Weltkrieg zerstört worden. Der Schulcampus ist weitläufig und baumbestanden, es gibt eine Kapelle, ein Schwimmbad und einen Theatersaal mit 600 Plätzen. Macrons Eltern hatten sich nicht aus religiösen Gründen für diese Schule entschieden, sie wollten schlicht, dass ihre Kinder die beste Schule der Stadt besuchen. Der Ruf von »La Providence« reichte weit über Amiens hinaus, noch heute schicken Eltern aus ganz Nordfrankreich ihren Nachwuchs in die Jesuitenschule, die ein eigenes Internat mit 430 Betten unterhält. Manchmal kommen die Schüler sogar von weit her wie seinerzeit der jüngere Sohn von Bundeskanzler Helmut Kohl, Peter, der an »La Providence« seine Französischkenntnisse perfektionierte.

Bei der Erziehung ihres Erstgeborenen konnte Françoise Macron auf die tatkräftige Unterstützung ihrer Mutter Germaine Noguès zählen. Die pensionierte Lehrerin war inzwischen verwitwet und lebte in einer Wohnung ganz in der Nähe ihrer Tochter. Da war es selbstverständlich, dass sie der jungen Mutter zur Hand ging, zumal nach Emmanuel in rascher Folge Laurent (1979) und Estelle (1982) geboren wurden. Die Eltern Emmanuel Macrons waren vom feministischen Ideal der 68er-Bewegung beseelt. Es kam für sie nicht infrage, dass Françoise aufgrund der Kinder auf ihre berufliche Tätigkeit als Ärztin bei der staatlichen Sozialversicherung verzichtete. So kam der kleine Emmanuel immer häufiger in die Obhut der Großmutter.

Gewiss hatten Jean-Michel und Françoise Macron die Geburt ihres ersten Sohnes kurz vor Weihnachten 1977 als Geschenk empfunden. Denn im Jahr zuvor hatte das junge Paar auf schmerzliche Weise eine Tochter verloren. Die Totgeburt hätte beinahe noch dramatischere Folgen gehabt, die Mutter musste kurze Zeit in ein künstliches Koma versetzt werden.

Emmanuel heißt auf Hebräisch »Gott sei mit uns«, getauft worden ist er jedoch von seinen Eltern nicht. Auf sonntägliche Besuche der Messe, wie sie sich im katholischen Bürgertum von Amiens ziemten, verzichteten die Macrons. Als er zwölf Jahre alt ist, verlangt Emmanuel, getauft zu werden. Sucht er Halt und Orientierung in der Religion oder ist der Wunsch mehr dem Anpassungsdruck geschuldet? Schließlich besucht er seit der sechsten Klasse die Jesuitenschule, an der ihn Pater unterrichten. Über seinen Glauben schweigt er sich in seinem autobiografischen Buch aus, vielleicht auch, weil sein Konkurrent im Präsidentenwahlkampf François Fillon über alle Maßen um die Katholiken buhlte. Fillon hat seine katholische Erziehung detailliert beschrieben, das frühe Morgengebet, die Kälte in den Schlafsälen, die Gesänge der Mönche. Dem Wettstreit, wer der bessere Katholik sei, hat sich Macron verweigert. Irritiert wurde in Frankreich vermerkt, dass der vom Jesuitenorden so geprägte Papst Franziskus im April 2017 über den jungen Präsidentenanwärter sagte, er wisse nicht, »woher er kommt«. Emmanuel Macon sucht hingegen die Nähe zum Papst. Er hat angekündigt, an die seit König Henri IV. bestehende Tradition anknüpfen und bei einem Besuch im Vatikan den Titel des Ehrenkanonikus der Sankt-Johannes-Basilika im Lateran annehmen zu wollen. Henri IV. hatte 1604, nachdem er 1593 vom Protestantismus abgekehrt und 1594 in der Kathedrale von Chartres gekrönt worden war, die Einnahmen der Abtei von Clairac (Lot-et-Garonne) der Lateranbasilika übertragen. Zwei Jahrhunderte lang finanzierte die reiche Abtei somit den Klerus im Lateran. Als Dank wurde Henri IV. der Ehrentitel zugewiesen, der von der Monarchie auf den obersten Repräsentanten der Republik überging. Lediglich in der schlimmsten Zeit des Kirchenkampfes zwischen 1905 und 1921 wurde die Tradition unterbrochen. Mit Wiederaufnahme der diplomatischen Beziehungen zwischen der Französischen Republik und dem Vatikan 1921 traten die Vorrechte der französischen Staatspräsidenten wieder in Kraft. Frankreich als »älteste Tochter der Kirche« wurde 1921 vom Heiligen Stuhl eine Ausnahmeregelung eingeräumt, die den Staatspräsidenten ein Mitspracherecht bei der Nominierung der Bischöfe gibt. Der Heilige Stuhl muss Macron vor Ernennungen der Bischöfe zurate ziehen. Nur in den Diözesen von Metz und Straßburg gilt diese Verpflichtung nicht.

Jesuitenpater Philippe Robert, der den jungen Emmanuel in Physik und Chemie unterrichtete, wundert sich nicht über Macrons exponierte Stellung. »Ich war davon überzeugt, dass er eines Tages berühmt werden würde, ob als Schriftsteller, Schauspieler oder Forscher. Alles schien mir möglich, denn er war einfach gut in allen Fächern. Er war hochbegabt, aber zugleich sehr herzlich und unkompliziert. Es wirkte so, als sei es für ihn ganz normal, in allen Fächern zu brillieren«, erinnert sich der Lehrer. Oftmals habe er sich zusätzliche Aufgaben für ihn ausdenken müssen, weil er vor allen anderen Schülern mit den Arbeiten fertig war. Als Macron seine in die Abiturnote einfließende Französischprüfung ablegte, habe er mit drei anderen Lehrern hinten im Klassenzimmer gelauscht, »weil es so ein Vergnügen war, ihm zuzuhören«. Das Prüfungsthema sei der literarische Salon im 18. Jahrhundert gewesen. »Es war ein fulminanter Augenblick«, erinnert sich der Pater.

Macron wird in einem Frankreich groß, das zuversichtlich in die Zukunft blickt, an dem noch keine Selbstzweifel nagen. Das Land befindet sich auf dem Höhepunkt seiner Fortschrittsgläubigkeit, alles wird schneller und effizienter. Das erste Überschall-Passagierflugzeug Concorde landet in New York, nach nur gut drei Stunden Flugzeit. An der ersten Hochgeschwindigkeitszugverbindung, von Paris nach Lyon, wird gebaut. Frankreich glaubt an sein Nuklearprogramm. Fast monatlich werden neue Atomreaktoren in Betrieb genommen. Gegen die Ölschocks predigt der Staatschef eine unabhängige Stromversorgung. Die Interessen der Frauen werden erstmals in der Regierung von einer eigenen Staatssekretärin verteidigt. Gesundheitsministerin Simone Veil führt ein Recht auf Abtreibung ein. Das Selbstvertrauen der Nation erscheint unerschütterlich. Ist dies das Fundament für Macrons ansteckenden Optimismus, mit dem er laut besagtem Bonmot von Michel Houellebecq sich selbst und das ganze Land hypnotisiert?

Doch dann erlebt Macron als Kind das Ende der »dreißig gloriosen Jahre«, wie die Franzosen die Zeit der ununterbrochenen Wohlstandsvermehrung nach Kriegsende nennen. In Amiens trifft der Strukturwandel die einst blühende Textilindustrie besonders, die Fabriken schließen, den berühmten »velours d'Amiens« kann man bald nur noch im Museum besichtigen. Früher als anderswo sammelt die Stadt Erfahrungen mit hoher Arbeitslosigkeit und Armut. Es ist fraglich, ob der junge Emmanuel den industriellen Niedergang als bedrohlich erlebt hat. Er verbringt seine Jugend am liebsten mit Büchern, bei seiner 1916 geborenen Großmutter Germaine Noguès. »Bis heute vergeht kein Tag, an dem ich nicht an sie denke und ihren Blick suche«, äußert Macron. Sie erlebte die Wahl ihres Enkels zum Präsidenten nicht mehr, sie starb im Jahr 2013. »Ich würde mich ihrer gerne würdig erweisen«, bekundet Macron in »Révolution«. Morgens wurde er vom Kaffeeduft aus der Küche geweckt, von der vorsichtig geöffneten Tür, durch die sie um sieben Uhr in der Frühe flüsterte: »Schläfst du noch?« Sie war eine gestrenge, aber immer geduldige Lehrerin: »Liebe und Disziplin«, so fasst er es zusammen. Manette, wie der Enkel sie liebevoll nannte, ließ Emmanuel ein Übermaß an Liebe, Fürsorge, aber auch fordernder Strenge zuteilwerden, das aus Kindern Riesen macht. Sie hatte ihre helle Freude an dem Enkel: So eine schnelle Auffassungsgabe, so viel Wissbegier und Lerneifer zeigten nur wenige Schüler. Macron erinnert sich, wie er nach der Schule zu ihr eilte, an die klassische Musik, die aus dem Lautsprecher tönte, besonders Chopins Klavierkonzerte hörten beide gern. Sie verbrachten viele Stunden versunken in Arbeit, Grammatik, Geschichte, Geografie, am liebsten aber war ihnen die Literatur. »Ganze Tage saß ich bei ihr und las laut vor. Molière und Racine, Georges Duhamel, einen ziemlich vergessenen Autor, den sie gern mochte, Mauriac und Giono«, erinnert sich Macron in »Révolution«. Sie habe nach jeder kleinsten Prüfung ängstlich auf seine Rückkehr gewartet. Als ein Journalist ihn im Wahlkampf einmal vor laufender Kamera damit neckte, ob er wirklich Molières »Menschenfeind« auswendig kenne, deklamierte Macron aus dem Stand einen Monolog des Alceste: »Aufrichtig sein! Ein Mann von Ehre soll kein Wort, das nicht von Herzen kommt, verlieren. Nein, ich kann diese Laschheit nicht ertragen, die Mode ist bei Ihren feinen Leuten, nichts ist mir so verhasst wie dies Getue von denen, die gern große Reden schwingen, die leichtfertig Umarmungen verteilen, die so verbindlich Überflüssiges schwatzen.«

Bis heute redet Macron mit einer Inbrunst von seiner Großmutter, an der nichts gespielt ist. Sie hat bei ihm eine tiefe Wertschätzung des Lehrerberufs geprägt, die in Frankreich auffällt. Macron bekundet, er würde das Wort Lehrer gern entstauben, um zum Ausdruck zu bringen, mit welcher lebendigen Passion, Hingabe und bewundernswerten Geduld viele diesen Beruf ausübten. Das sind neue Töne, denn die allgemeine Wahrnehmung der Lehrer in Frankreich wäre besser mit dem berüchtigten Zitat des Bundeskanzlers Gerhard Schröder getroffen: »Ihr wisst doch ganz genau, was das für faule Säcke sind.« Präsident Sarkozy etwa behauptete in einem Interview, Lehrer würden »nur sechs Monate im Jahr« arbeiten, und dann auch nur »15 Stunden pro Woche«. Macron hingegen stimmt Loblieder auf die Lehrer an, die ihren Schülern »die Tür zum Wissen, zum Schönen, vielleicht zur Unendlichkeit öffnen«.

Das »Wunderkind« Emmanuel erlebte selten Misserfolge. Vielleicht haben sie sich deshalb so in seine Erinnerung eingebrannt. Bei der Aufnahmeprüfung für den Klavierunterricht am städtischen Konservatorium in Amiens scheiterte er im ersten Anlauf. Das habe seinen Ehrgeiz nur noch mehr angestachelt, meint er. Er übte ununterbrochen und verlangte im darauffolgenden Jahr, von derselben Lehrerin geprüft zu werden, die ihn hatte durchfallen lassen. Im zweiten Anlauf wurde er angenommen. Seine Pianisten-Ausbildung dauerte zehn Jahre und wurde mit einer Auszeichnung gekrönt. Er schnitt als Drittbester des Konservatoriums ab. Musik ist ihm bis heute wichtig. Er liebe vor allem deutsche Komponisten, von Bach bis Beethoven, sagte er im Magazin *Der Spiegel.* »Was ich an Bach mag: Es gibt keinen Schnickschnack. Es ist, als ob man Gemälde von Georges de La Tour betrachtet. Da gibt es, bei aller Schönheit, eine extreme Schmucklosigkeit. Sie zwingt einen, alle Eitelkeit fallen zu lassen.« Der genialste Komponist für ihn sei jedoch Mozart.

Heranwachsende haben die tollsten Fantasien. Emmanuel Macron träumt in seiner Jugend von den Abenteuern eines spanischen Konquistadors. Er identifizierte sich so sehr mit der Figur Hernán Cortés, dass er über den Eroberer des Aztekenreichs einen Roman schrieb. »Unkonventionell« hat er vor Kurzem sein Jugendwerk genannt, dem er den Titel »Babylon, Babylon« gab. Veröffentlichen will er es nicht. Einzig Brigitte, seine Ehefrau, habe es gelesen, und so solle es bleiben.

Über die ungewöhnliche Liebesgeschichte zu seiner 24 Jahre älteren Frau Brigitte Auzière, geborene Trogneux, ist viel geschrieben worden. Tiphaine, die jüngste, 1984 geborene Tochter, erinnert sich noch gut an jenen Spätsommertag, als ihre große Schwester Laurence genervt in die Küche kam und seufzte, in ihrer Klasse sei so ein »verrückter Neuer, der alles zu allem weiß«. Der Neue hieß Emmanuel Macron. Die Geschwister

Tiphaine, Laurence und Sébastien lebten damals in einem Familienidyll in Amiens, das sie für ewig während hielten. So zumindest sieht es Tiphaine. Bei den Auzières ging es großbürgerlicher zu als bei den Macrons. Der Vater André-Louis Auzière arbeitete in führender Position bei einer Bank. Die Familie hatte mehrere Jahre in Lille und in Straßburg gelebt, die Rückkehr nach Amiens war eine Heimkehr, stammt Brigitte doch aus dem weitläufigen Trogneux-Clan, einer stadtbekannten Chocolatier-Dynastie. Am Ortseingangsschild findet sich der Hinweis auf den von Brigittes Vorfahr erfundenen »Macaron« von Amiens, ein Mandelgebäck, auf das die Stadt stolz ist. An den Wochenenden fuhren die Auzières in die Familienvilla im vornehmen Badeort Le Touquet am Ärmelkanal, in dem Brigitte und André-Louis auch ihre Hochzeit gefeiert hatten.

Brigitte war zwanzig Jahre alt, als sie heiratete. 1991 fing sie als Französischlehrerin in »La Providence« an, »eine enthusiastische, anspornende Lehrerin«, wie sich Pater Philippe Robert erinnert. Sie gründete einen Theaterclub für die Schüler der zehnten und elften Klasse. Emmanuel Macron schrieb sich sofort ein. Sie führten »Die Vogelscheuche« nach Jean Tardieu auf, und Macron bekam die Hauptrolle. Es gibt verwackelte Videoaufnahmen von Macron als Vogelscheuche, vom Applaus der Zuschauer, aber die Kamera hat nichts von der aufkeimenden Liebesbeziehung eingefangen. »Die Dinge entwickelten sich kaum wahrnehmbar, auch dass ich mich in sie verliebte«, erinnert sich Macron. Im nächsten Schuljahr wollte die Theatergruppenleiterin »Die Kunst der Komödie« von Eduardo De Filippo aufführen, doch fehlte es an geeigneten Rollen für alle Schüler der Theater-AG. Macron schlug kurzerhand vor, das Stück umzuschreiben. »Jeden Freitag schrieben wir an dem

Theaterstück. Das ging über Monate. Das Schreiben wurde zum Vorwand, um über alles miteinander zu reden – und schon bald spürte ich, dass wir uns schon immer gekannt hatten«, blickt Macron zurück.

Tiphaine mag bis heute nicht darüber sprechen, wie es für die Kinder war. Ihre Schwester Laurence, die wie Macron 1977 geboren wurde, spielte in der Theatergruppe mit ihm. Der Bruder Sébastien (Jahrgang 1975) hatte gerade das Abitur bestanden, als die Affäre seiner Mutter mit dem Schüler bekannt wurde. Das Tuscheln der Erwachsenen, der Skandal über die unziemliche Verbindung – Emmanuel Macron war noch nicht volljährig, die Vermittlungsversuche des Patriarchen der Familie, Brigittes Vater, die Onkel und Tanten, die versuchten, Brigitte zur Vernunft zu bringen. Es muss viele Tränen gegeben haben. Amiens ist eine überschaubare Stadt, man kennt sich, und beide Familien waren wohlbekannt. Tiphaine sagt, irgendwann habe sie verstanden, dass ihre Mutter ihre große Liebe entdeckt habe und dass das Leben zu kurz ist, dieser zu entsagen. Emmanuel Macron war da, sechzehn Jahre alt, gerade nach Paris gezogen. Am Elitegymnasium »Lycée Henri IV«, das auf dem Hügel der Heiligen Genova im Quartier Latin, dem alten Universitätsviertel, liegt, sollte er seine Abiturprüfung ablegen. Seine Eltern hofften wohl, dass die räumliche Trennung ihn auch zur Räson bringen würde. Vater wie Mutter legen Wert darauf, den Verdacht auszuräumen, sie hätten Emmanuel zum Umzug nach Paris gezwungen. Sicher ist, dass Macron kein inniges Verhältnis zu seinen inzwischen getrennten Eltern pflegt, und es liegt nahe, dies auf Kränkungen aus dieser Zeit zurückzuführen. Die Ehe von Jean-Michel und Françoise wurde 2010 geschieden, Letztere lebt seither unter ihrem Mädchennamen

Noguès in Paris. Macrons Vater hat aus einer neuen Verbindung mit einer Ärztin einen 2005 geborenen Sohn Gabriel. Wenn Brigitte Macron ihren Schwager Gabriel Macron trifft, dann liegt mehr als ein halbes Jahrhundert zwischen den beiden.

Macron hatte in Paris bereits das Gefühl, einer Figur aus einem Roman von Victor Hugo oder Gustave Flaubert zu ähneln. In seinem autobiografischen Buch schreibt er: »Mich packte wilder Ehrgeiz, ähnlich dem der zielstrebigen jungen Männer in den Büchern von Balzac«. Der Konquistador aus Amiens kämpft um das Herz Brigittes, aber er muss sich auch für die Abiturprüfungen rüsten. Er macht plötzlich die bittere Erfahrung, nicht mehr der unangefochtene Klassenbeste zu sein: »Ich musste mir die Dinge durch viel Arbeit aneignen.« Seine Jugendträume waren jedoch nicht zerstoben, er setzte allen Ehrgeiz darauf, die 24 Jahre ältere Brigitte zu erobern. In seiner Kindheit und Jugend war die bestimmende Bezugsperson seine Großmutter, die Lehrerin, gewesen, jetzt wollte er »mit der Frau leben, die ich liebte« – wieder eine Lehrerin, wieder ein Generationensprung.

In diesem Lebenslauf, in dem man vergeblich nach Misserfolgen und Durststrecken gesucht hatte, schrieb sich mit einem Mal der Bruch aller Konventionen ein. Macron begehrt eine Frau, die er nicht begehren durfte, nach dem Anstandsgefühl seiner Familie und dem Werteverständnis der von ihm gewählten Religion. Das Happy End – sie verlässt Mann und die drei Kinder, um mit ihm in Paris zu leben – hat den Redebedarf nicht verringert. So wirkt es jedenfalls, als Macron bei mehreren Wahlkundgebungen viele Jahre später seine Beziehung interpretiert. Brigitte sei der Beweis dafür, dass er zu Wagemut fähig sei. »Man hat uns erklärt, dass sich das nicht gehört, dass wir unser Glück woanders suchen sollten.« Aber ihr gemeinsamer Wille sei stärker als alle Konventionen gewesen.

Tatsächlich weicht Brigitte nicht von seiner Seite. Einmal pro Woche haben sie sich im Élysée-Palast ein »Diner en amoureux« reserviert, ein Abendessen nur zu zweit, ein amouröses Stelldichein, da müssen die Mächtigen der Welt, ob Putin oder Trump, warten. Macron ist ein Nachtmensch, er kommt mit vier bis fünf Stunden Schlaf aus. Brigitte hat nichts von der Bewunderung für diesen ungewöhnlichen Mann an ihrer Seite verloren: »Seit ich ihn kenne, ähnelt mein Leben einer schnellen Abfolge von Überraschungen.« Den großen Altersunterschied lächelt sie weg: »Der einzige Fehler Macrons ist, dass er so viel jünger ist.« Wer sie zusammen erlebt, spürt sofort eine Komplizenschaft, ein stilles Einverständnis. Er legt Wert darauf, dass sie seine wichtigsten Reden gegenliest, dass sie ihre Meinung sagt. Er weiß, wie sehr die höfische Gesellschaft die Sitten in Frankreich geprägt hat, bis heute, und wie selten Berater, Minister und andere Mitarbeiter ihm offen die Meinung sagen. Das Urteil seiner geliebten Ehefrau will er nicht missen. Erstaunlicherweise hat Brigitte Macron sich allen Anfechtungen zum Trotz eine große Offenheit bewahrt. Das schließt nicht aus, dass sie sich vor den Exzessen der Presse und der Paparazzi zu schützen versucht. Frühzeitig hat sie Kontakt zu der Leiterin einer bekannten Fotoagentur in Paris aufgenommen, Michèle »Mimi« Marchand, um sich beraten zu lassen. Seither kontrolliert »Mimi« auch die vorgeblich privaten Fotos, die in den Gazetten und Hochglanzmagazinen gedruckt werden. Und Emmanuel Macron hat sich, wie bereits erwähnt, zum Ärger vieler Pressefotografen entschlossen, nur einer Fotografin, Soazig de La Moissonnière, einen privilegierten Zugang einzuräumen. Brigitte und Emmanuel Macron teilen ein gewisses, oftmals berechtigtes Misstrauen gegenüber der Presse. Fotografen ließen einmal eine Drohne in ihren Garten in Le Touquet fliegen, als ihre Enkelkinder dort spielten. Das hat die Familie schockiert. Es erklärt, warum Brigitte und Emmanuel nach Wegen gesucht haben, die Neugier der Klatschpresse zu befriedigen und sich vor deren Exzessen zu schützen.

Bemerkenswert ist, dass sie solche Strategien als eingeschworenes Team aushecken. Valérie Trierweiler, die verlassene Lebensgefährtin von François Hollande, hat in einem Buch analysiert, wie ihre Beziehung auch am Druck der ständigen Pflicht zur Öffentlichkeit zerbrochen ist. Es ist eine schwere Bewährungsprobe, als Paar plötzlich ununterbrochen unter Beobachtung zu stehen. Emmanuel und Brigitte Macron haben sie bislang gut gemeistert. Es ist ein Vortasten ohne Vorbilder. Seit Langem hat Frankreich kein Präsidentenpaar mehr gekannt, das gemeinschaftlich und ohne nach außen getragene Spannungen seine Rolle ausfüllt. Trotzdem stößt das ungewöhnliche Paar immer wieder auf Misstrauen. Monatelang hielt sich das Gerücht in Paris, Macron sei homosexuell und seine Frau diene ihm nur als Fassade. Die vom Kreml finanzierten, französischsprachigen Dienste von »Russia Today« verbreiteten während des Wahlkampfs sogar Meldungen über Macrons Homosexualität. Als er Wladmir Putin im September 2017 in Versailles empfing, kanzelte Macron in dessen Anwesenheit eine Journalistin von »Russia Today« ab. Für ihn sei »Russia Today« ein Propaganda-Organ, das schlimmste Verleumdungen in Umlauf setze, sagte er. Im Wahlkampf hatte er die Spekulationen mit mehr Humor zerstreut. So scherzte er auf der Bühne des Theaters Bobino in Paris, seine Frau frage sich, wie er es schaffe, gleichzeitig mit einem

Liebhaber zu leben, da er doch von abends bis morgens mit ihr zusammen sei. Vermutlich sei ihm sein Hologramm entlaufen, sagte Macron.

Beiden liegt es fern, Bitterkeit über diese Anfechtungen zu hegen. Brigitte Macron ist davon überzeugt, dass die Fragen und Zweifel viel über die französische Gesellschaft aussagen. Es werde akzeptiert, wenn ein Mann mit einer 24 Jahre jüngeren Frau liiert sei, umgekehrt aber »stimmt etwas nicht«. Augenfällig wurde dies, als das Präsidentenpaar in luftiger Höhe auf dem Eiffelturm mit dem amerikanischen Präsidentenpaar speiste. Donald Trump (geboren 1946) und Melania Trump (geboren 1970) weisen genau den gleichen Altersunterschied wie Brigitte und Emmanuel Macron auf: 24 Jahre.

Für Brigittes Tochter Tiphaine Auzière wird die Altersfrage nur noch von Außenstehenden aufgeworfen. Sie betont, dass sie in Emmanuel Macron eine Vaterfigur und ein Familienoberhaupt sehe. »Das hat sich auf ganz natürliche Weise ergeben«, sagt sie. Er habe eine selbstverständliche Autorität. Im Familienhaus in Le Touquet sei er »der Patriarch«, wenn der gesamte Familienclan zusammenkomme. Er liebe es, seinen Enkelkindern vorzulesen. Bei Geburtstagen und zu Weihnachten verschenke er eigentlich nur Bücher. Ihr Neffe hätte mal zu seiner Großmutter gesagt: »Kannst du Daddy sagen, dass es auch andere Geschenke als Bücher gibt?« Die Enkel nennen Emmanuel Macron »Daddy«. Das passt zum angelsächsischen Stil, den sich das von britischen Investoren zur Belle Époque begründete Seebad bis heute bewahrt hat. Der Schriftsteller Ian Fleming dachte sich bei seinen Aufenthalten in Le Touquet die Figur des James Bond aus, die junge Elizabeth Windsor, spätere Queen, liebte das Flair des Kurortes ebenso wie Winston Churchill.

Heute wird die Meerespromenade am zwölf Kilometer langen Sandstrand von mehrstöckigen Ferienappartementhäusern aus den 1970er-Jahren verschandelt. In der verwinkelten Villa »Monéjan« an der Avenue Saint-Jean, einer belebten Geschäftsader des Badeortes, hat Macron sich ein Refugium geschaffen – seine Bibliothek. Er wacht darüber, dass seine »organisierte Unordnung« in den Regalen von niemandem durcheinandergebracht wird. Auf der linken Seite stehen die von seiner geliebten Großmutter geerbten Bücher. Die restlichen Regale sind mit politischen Büchern, Kunstbänden und philosophischen Abhandlungen gefüllt. Nur die mit Romanen bestückte Bücherwand teilt er nach eigenen Worten mit seiner Frau Brigitte. Ein Regal ist für die Bücher reserviert, die er mit seinen Enkeln liest. Macron ist ein Vielleser, aber mit einer klaren Präferenz für französischsprachige Autoren. »Die Blumen des Bösen« von Charles Baudelaire, »Der Fremde« von Albert Camus, »Rot und Schwarz« von Stendhal und die Aufzeichnungen aus dem Maquis von René Char mit dem deutschen Titel »Hypnos« hat er als seine Lieblingsbücher bezeichnet. Er sieht Bücher als seine besten Freunde.

Macron fällt es leicht, Kontakte zu knüpfen, ihm gelingt es, sein Gegenüber immer voll für sich einzunehmen. Diese Kommunikationskunst steht in eigenartigem Kontrast zu der Tatsache, dass Macron kaum echte Freunde zu haben scheint. Marc-Olivier Padis, der ehemalige Chefredakteur und Redaktionsleiter der Revue *Esprit,* sagt, er sei nie wirklich in Macrons Gefühlswelt vorgedrungen, trotz langer freundschaftlicher Verbindung. Macron sei ein Solitär. Viele Jahre lang sahen sie sich regelmäßig, gingen zusammen essen oder trafen sich einfach auf ein Glas Wein oder ein Bier. Er erinnert sich an sehr bereichernde Gespräche. Aber nie habe er auch mal Enttäuschungen und schwache Momente eingestanden oder ihn ins Vertrauen gezogen. »Ich habe es zum Beispiel nie geschafft, ihn nach Hause einzuladen. Er war stets freundlich, herzlich, manchmal geradezu überschwänglich, aber es gab auch immer einen Grund, warum er nicht kommen konnte«, sagt Padis.

Ähnliche Geschichten erzählen seine ehemaligen Klassenkameraden und Kommilitonen. Macrons Ziel nach dem »baccalauréat«, der mit Auszeichnung bestandenen Reifeprüfung, war es, an der École Normale Supérieure aufgenommen zu werden und eine literarisch-philosophische Ausbildung zu absolvieren. Zwei Mal scheiterte er an der Aufnahmeprüfung. »Ich war zu verliebt, um mich ernsthaft genug auf die Prüfung vorzubereiten«, sagt er rückblickend. Er schrieb sich an der Universität in Nanterre in Philosophie ein, studierte Machiavelli und Hegel und begann zugleich ein Studium an der »Sciences Po«, der Hochschule für Politische Wissenschaften. Sein Studienkamerad Aurélien Lechevallier erinnert sich, dass die renommierte Hochschule in dieser Zeit (von 1999 bis 2001) heillos überfüllt war. Der neue Direktor, Richard Descoings, hatte lauter internationale Austauschprogramme anlaufen lassen, aber noch keine neuen Räumlichkeiten akquiriert. Lechevallier, der heute im Élysée-Palast zu den diplomatischen Beratern des Präsidenten zählt, hat Macron als übermäßig diskussionsfreudigen Studenten erlebt. »Es klingelte. Der Raum leerte sich. Aber Emmanuel diskutierte noch immer mit dem Professor. Manchmal beteiligten sich auch andere Studenten. In jedem Fall schrumpfte die Zeit für die Pause. Dann klingelte es zum nächsten Kurs. Ich musste ihn am Ärmel in den nächsten Saal ziehen, aber meist kamen wir trotzdem zu spät«, schildert Lechevallier.

Gemeinsam setzten Lechevallier und Macron 2002 ihre Ausbildung an der Verwaltungshochschule École Nationale d'Administration (Ena) in Straßburg fort. Mit der Gründung der Ena direkt nach Kriegsende 1945 sollte auf das Versagen der politischen und wirtschaftlichen Eliten in der Zwischenkriegszeit reagiert werden, das der Historiker Marc Bloch in seinem bemerkenswerten Buch »Die seltsame Niederlage« so treffend beschrieben hatte. Ziel war es, das demokratische Selbstverständnis der führenden Beamten zu stärken. Ebenso sollten alte Seilschaften und der Korpsgeist im hohen Beamtenapparat bekämpft werden. Die Ena mit ihrer einheitlichen Aufnahmeprüfung sollte zudem eine stärkere soziale Durchmischung bei den Spitzenbeamten garantieren. Seit einem Pamphlet des späteren Innenministers Jean-Pierre Chevènement zu Beginn der 1970er-Jahre – »Die Enarchie oder die Mandarine der bürgerlichen Gesellschaft« – steht die Ena jedoch als Reproduktionsmaschine der Begünstigten in der Dauerkritik. Die drei Lettern Ena gelten inzwischen als Inbegriff für eine verfilzte Elite und französische Reformunfähigkeit. Die Rechtspopulistin Le Pen etwa behauptet, Macron wohne die kalte Arroganz eines »Enarchen« inne.

Macron hat die Hochschule gegen derartige Vorwürfe stets verteidigt. Das erste Ena-Jahr verbrachte er in der französischen Botschaft von Nigeria und in der Präfektur des Départements Oise – einen größeren Kontrast kann man sich kaum vorstellen. Macrons Jahrgang gab sich als Namenspaten den senegalesischen Staatsmann und »unsterblichen« Dichter der Académie Française, Léopold Sédar Senghor. Das Verfahren, um den Schirmherrn des Jahrgangs zu bestimmen, war alles andere als bürokratische Routine. Alle Ena-Absolventen fuhren zu einem Skiwochenende in die Vogesen, nach Ventron. In einer langen Nacht, in der viel Alkohol floss, debattierten sie über den künftigen Namen ihres Jahrgangs: »Marco Polo«, »Die Erben«, »Hochgeschwindigkeitszug Paris – Straßburg« oder »Antigone« standen zur Wahl. Erst in den frühen Morgenstunden fiel die Entscheidung in demokratischer Abstimmung aller Anwesenden für Senghor. Macron fragte am nächsten Tag einen chinesischen Austauschstudenten, wie er den demokratischen Entscheidungsprozess gefunden habe. Die Antwort des Chinesen erzählen sich Macrons Ena-Kameraden noch heute: »Gut! Aber Demokratie braucht viel Zeit.«

Die meisten Wochenenden zog es Macron während seiner zweijährigen Ena-Ausbildung nach Paris, zu Brigitte. Sie hatte an dem renommierten Jesuitengymnasium Saint-Louis-de-Gonzague, kurz »Franklin« genannt, im großbürgerlichen 16. Arrondissement eine Stelle angenommen. Seine Ena-Kameraden erinnern sich, dass Macron nur selten an gemeinsamen Wochenendaktivitäten teilnahm.

Bei der Abschlussprüfung schnitt er als Fünftbester ab und entschied sich für eines der drei großen Staatskorps, die nur den Prüfungsbesten offenstehen. Macron wird Finanzinspektor und bezieht ein Büro in dem großen Glasbau des Finanz- und Wirtschaftsministeriums, der über den Seine-Fluss ragt. 2014 sollte er als Wirtschaftsminister nach »Bercy«, wie die Franzosen das riesige Ministerium nennen, zurückkehren. In der Finanzinspektion schärft Macron seine Vorstellungen von der Rolle des Staates. Er verinnerlicht die Bedeutung des Staatsapparates für das gesamte Wirtschaftsleben in Frankreich. Dort habe er erfahren, was staatliches Handeln für die Unternehmen bedeutet, sagt er im Gespräch. Von der regulierenden Mission des Staates ist er seither zutiefst überzeugt. Er versteht sich aber zugleich als Liberaler und verbittet sich staatlichen Dirigismus, wenn dieser das Wachstum behindert. Aber was ihn dann wieder von einem Liberalen unterscheidet, ist seine Vorstellung, dass die Früchte des Wachstums gerecht verteilt werden müssen. Deshalb wird er später beispielsweise das Unternehmen Uber gegen die bis dato staatlich geschützte Taxi-Lobby verteidigen, weil Uber mehr Mobilität zu einem günstigen Preis schafft.

Während seiner Zeit in der Finanzinspektion lernt Macron auch all jene älteren Förderer kennen, die ihm den Weg in den Élysée-Palast ebnen. Der damalige Chef der Finanzinspektion, Jean-Pierre Jouyet, spielt dabei eine große Rolle. Jouyet schlägt Macron für die von Präsident Nicolas Sarkozy einberufene Kommission zur Wachstumsförderung vor. Der von dem früheren Präsidentenberater Jacques Attali geleiteten Kommission gehören vierzig Mitglieder an, Intellektuelle, Unternehmensmanager, Spitzenbeamte, die alle eine außergewöhnliche Rolle für Frankreich spielen. Macron ist der Jüngste in der Kommission und wird mit der Rolle des stellvertretenden Berichterstatters betraut. Er schreibt die Sitzungsprotokolle. Jahrelang wird er von dem in der Wachstumskommission aufgebauten Netzwerk profitieren.

Am 20. Oktober 2007 feiern Emmanuel und Brigitte Macron im feinsten Hotel des Seebads Le Touquet, im »Westminster«, ihre Eheschließung. Für die Kinder muss es ein sonderbarer Moment gewesen sein, hatte ihre Mutter doch 34 Jahre zuvor am gleichen Ort die Hochzeit mit ihrem Vater gefeiert. »Es war die offizielle Weihe einer heimlichen, oft verborgenen Liebe, die unverstanden blieb, bis sie unübersehbar wurde«, schrieb Macron in »Révolution« über die Eheschließung. Die beiden heirateten nur standesamtlich, eine kirchliche Trauung blieb ihnen verwehrt. War es um seiner Frau einen Lebenswandel zu erlauben, wie sie ihn von klein auf gewohnt war, ohne finanzielle Sorgen zwischen Paris und der Villa in Le Touquet? In jedem Fall entschied sich Macron kurz nach der Eheschließung, den Staatsdienst zu quittieren und als Investmentbanker bei Rothschild & Cie anzufangen.

David Baron von Rothschild, der das Bankhaus in Paris am Parc Monceau leitet, bekommt glänzende Augen, wenn er von Macron spricht. Er erinnert sich noch gut daran, als der junge Finanzinspektor bei ihm vorsprach, in seinem Büro in der obersten Etage, das ein großes Porträt seines Vaters Guy de Rothschild schmückt. Gleich zwei Mal bestimmte die Politik das Leben seines Vaters. 1941 wurde das jüdische Bankhaus vom Nazi-Kollaborationsregime unter Marschall Pétain verstaatlicht. 1981 entschied der sozialistische Präsident François Mitterrand von Neuem, die Rothschild-Bank zu verstaatlichen. »Jude unter Pétain, Paria unter Mitterrand, es reicht«, empörte sich Guy de Rothschild und wanderte damals in die Vereinigten Staaten von Amerika aus. Es hätte das Ende der französischen Geschichte der Rothschilds sein können. Doch 1986 baute David de Rothschild zusammen mit seinem Vetter Eric das Bankhaus Rothschild & Cie mit der staatlichen Entschädigungszahlung von 700 Millionen Francs neu auf, nicht mehr als Universalbank, sondern mit einem Schwerpunkt auf der Vermögensverwaltung und der Beratung von Familien, Firmen und Staaten. Macron strebte in die Sparte »Fusionen und Akquisitionen« und konnte bei seinem Vorstellungsgespräch auf die Empfehlung von gleich drei wichtigen Bekannten aus der Attali-Wachstumskommission zählen: von Xavier Fontanet, damals Präsident von Essilor, Serge Weinberg, Präsident von Sanofi und Weinberg Capital Partner, und dem Industrieanwalt Jean-Michel Darrois.

Er habe nicht eine Sekunde gezögert, ihn einzustellen, blickt Baron Rothschild zurück. An die Politik habe er dabei nicht gedacht. Sein Vater Guy hatte ein enges freundschaftliches Verhältnis zu seinem Mitarbeiter Georges Pompidou gepflegt, der Republikgründer Charles de Gaulle 1969 als Präsident im Élysée-Palast nachfolgte. Aber unter diesem Aspekt will der Sohn seine freundschaftlichen Gefühle für Macron nicht verstanden wissen. Macron fiel bei Rothschild durch seine Gewandtheit und Kontakte auf. So war er es, der ein Mittagessen zwischen Baron Rothschild und dem damaligen Chef des Schweizer Lebensmittelkonzerns Nestlé, Peter Brabeck, organisierte. Den österreichischen Manager hatte Macron in der Wachstumskommission kennengelernt und in der gemeinsamen Leidenschaft für klassische Musik und Klavier einen verbindenden Nenner gefunden. Der durchtrainierte Manager Brabeck, ein gestählter Bergsteiger, gilt als eher barsch und unnahbar, aber Macron entwickelte eine Vertrauensbeziehung zu ihm. Nachdem er im Dezember 2010 zum Partner bei Rothschild & Cie aufgestiegen war, nutzte er seinen guten Kontakt zu Brabeck. Das amerikanische Pharmaunternehmen Pfizer wollte seine Säuglingssparte verkaufen, das französische Unternehmen Danone sowie Nestlé bekundeten Interesse. Jetzt schlug die Stunde Macrons: Obwohl Nestlé noch nie Kunde von Rothschild war, fädelte er den Übernahmedeal ein. Die französische Bank Lazard, direkte Konkurrentin von Rothschild, beriet unterdessen Danone. Unzählige Male fuhr Macron in die Nestlé-Zentrale in Vevey. Doch Danone machte das bessere Angebot. Erst als Macron Brabeck überzeugte, sein Angebot zu erhöhen, kam das Geschäft für 11,9 Milliarden Dollar zugunsten von Nestlé schließlich zustande. Macron verdiente daran etwa eine gute Million Euro. Er konnte nicht ahnen, wie oft ihm diese vier Jahre bei Rothschild später zum Vorwurf gemacht werden sollten.

»Ich bereue nichts von dem, was ich in den vier Jahren in der Bank erlebt habe«, bekundete er in »Révolution«. Viele Kritiker hätten eine falsche Vorstellung von dem, wie bei Rothschild gearbeitet werde. David de Rothschild zollt Macron große Anerkennung, dass er seine Zeit bei ihm nie verleugnet hat. Rothschild leitet seit 2007 die Stiftung »Fondation pour la mémoire de la Shoah« in Paris, die das Holocaust-Museum im Marais-Viertel und das Holocaust-Denkmal verwaltet. Er kennt den antisemitischen Unterton, der bei der Kritik an Rothschild mitschwingt. Im Wahlkampf war es besonders Marine Le Pen, die den Vorwurf »Rothschild-Banker« mit anderen, unaussprechlich gewordenen Assoziationen verband. Es war nicht unschuldig, wie die Rechtspopulistin das Stichwort Rothschild verwandte, um den Kandidaten Macron als Repräsentanten eines »staatenlosen Finanzkapitals« und als Politiker, der »das Goldene Kalb vergöttere«, zu verunglimpfen. Damit griff sie eine in der Zwischenkriegszeit in der extremen Rechten dominante antisemitische Propaganda auf. Aber bis in die Reihen der Republikaner hinein wurde diese Assoziationskette Rothschild – Großkapital – Verrat am Vaterland gepflegt. Über das offizielle Twitter-Konto der Republikaner wurde im Wahlkampf eine Zeichnung mit der Überschrift »Die Wahrheit über die Galaxie Macron« verbreitet. In der Mitte der Grafik war eine Karikatur Macrons mit Hakennase zu sehen, die unschwer an die vom *Stürmer* in der Nazizeit verbreiteten Karikaturen von Juden erinnerte. Die Karikatur wurde nach einem Wirbel der Entrüstung zurückgezogen. Erstaunlicherweise wurde eine ähnlich antisemitische Botschaft im November 2017 von einem einflussreichen Sozialisten, Gérard Filoche, über die sozialen Netzwerke lanciert. Auf dem zunächst über Twitter verbreiteten Bild ist Macron mit ausgestreckten Armen und Hakenkreuzbinde zu sehen, doch das Hakenkreuz ist durch ein Dollarzeichen ersetzt worden. Im Hintergrund sind die Fotos des jüdischen Industriellen Patrick Drahi, des jüdischen Präsidentenberaters Jacques Attali und Jacob von Rothschild zu sehen. Sie werden wie die Strippenzieher der Marionette Macron dargestellt. Der Sozialist Gérard Filoche kommentierte das Foto Macrons mit den Worten: Ein dreckiger Typ, die Franzosen werden das bald alle verstehen. Zunächst rechtfertigte er sich damit, dass der grenzenlose Kapitalismus ebenden Antisemitismus heraufbeschwöre. Filoche wurde aus der Sozialistischen Partei ausgeschlossen. Macron hat sich zu diesen Zwischenfällen nicht geäußert. Aber er hat genau registriert, wie ein vorgeblich überwundener Antisemitismus von Neuem aufflackert.

Die Familiengeschichte der Rothschilds hat ihn auch aus europäischer Perspektive fasziniert. David de Rothschild sagt gern, dass sie schon Bürger Europas gewesen seien, lange bevor der europäische Einigungsprozess begann. Tatsächlich war der Aufstieg der Rothschilds eine Parallelerscheinung zum Aufstieg Napoleons. Der Gründer der Finanzdynastie, Mayer Amschel Rothschild, der im Frankfurter Juden-Getto groß geworden war, baute über seine Söhne ein europäisches Netzwerk auf. Sie ließen sich neben Frankfurt in London, Paris, Wien und Neapel nieder und fungierten als Bankiers von Kaisern, Königen und Staatsmännern. Das Wappen der Rothschilds besteht aus fünf Pfeilen, zusammengehalten von einem engen Band, damit waren die fünf

Söhne gemeint. Gerade in der deutsch-französischen Geschichte spielten die Rothschilds eine wichtige Rolle. Nach der Niederlage Frankreichs 1871 war es Alphonse de Rothschild, der Urgroßvater von David de Rothschild, der dem Land half, die hohen Kriegsentschädigungszahlungen an das deutsche Kaiserreich zu entrichten. Die Rothschilds finanzierten aber auch die erste Eisenbahn in Österreich oder den Suezkanal. Heinrich Heine, der auf dem Pariser Friedhof in Montmartre seine letzte Ruhestätte gefunden hat, schrieb 1841: »Das Geld ist der Gott unserer Zeit und Rothschild sein Prophet.«

Macron hat sich zum Ziel gesetzt, zum Thema Geld mit französischen Tabus zu brechen. »Wir brauchen junge Franzosen, die Milliardäre werden wollen«, sagte er noch als Wirtschaftsminister. »Ich bin ein Kind der Mittelschicht aus der französischen Provinz. Hätte man mir gesagt, Erfolg sei schlecht, oder hätte man mir Steine in den Weg gelegt, dann wäre ich heute nicht da, wo ich bin. Ich will, dass junge Menschen in unserem Land erfolgreich sein können«, sagte er im *Spiegel*. Den Sozialneid nannte er »eine traurige Leidenschaft« der Franzosen. Der Neid lähme das Land. »Wir können ohne Unternehmer keine Arbeitsplätze schaffen«, sagte er.

Sein bei jeder Gelegenheit zur Schau gestellter Optimismus verdeckt, wie sehr ihm die Zersplitterung Frankreichs ein Thema ist. Seit einigen Jahren zerfalle das Land in verschiedene Teile, beobachtete er. Urbane Ballungszentren wie Paris, Lyon oder Nantes stünden als die großen Gewinner der globalisierten Marktwirtschaft da. Hier hat er die meisten Wählerstimmen erhalten. Sein Augenmerk gilt jedoch dem peripheren Frankreich, jenen Gebieten, die sich abgehängt fühlen und die Marine Le Pen »das vergessene Frankreich« nennt. »Wir befinden uns in einem

Nebeneinander, das morgen, wenn wir nichts unternehmen, zu einem Gegeneinander werden könnte«, argwöhnt Macron. In seiner Heimatstadt Amiens verfolgt er, wie der Industriewandel Arbeitsplatzverlust nach sich zieht und allmählich den gesellschaftlichen Zusammenhalt gefährdet. Die amerikanische Firma Whirlpool etwa hat beschlossen, die Produktion von Wäschetrocknern von Amiens nach Polen zu verlagern, wo die Löhne wesentlich niedriger sind. Macron ist sich bewusst, was das für die 280 Mitarbeiter bedeutet, die ihren Job verlieren. Seine gesamte Überzeugungskraft hat er darauf verwandt, nach einer konstruktiven Lösung für die Beschäftigten zu suchen. Seine Heimatstadt Amiens hat er zum Versuchsfeld erhoben. Marine Le Pen hatte den Whirlpool-Arbeitern versprochen, per Gesetz die Werksschließung zu verbieten. Macron hat hingegen geholfen, einen Unternehmer zu finden, der das Werk übernimmt. Künftig sollen an dem Standort Ladegeräte für Elektroautos und computergesteuerte Gefrierschränke hergestellt werden. Es steht abzuwarten, ob es gelingt, einen Großteil der Beschäftigten durch Umschulung in das neue Unternehmen zu überführen. Für Macron steht viel auf dem Spiel: Was in Amiens im Kleinen versucht wird, soll auf ganz Frankreich übertragen werden und zeigen, dass das Land den Herausforderungen der globalisierten Weltwirtschaft gewachsen ist. Macron hat sich die Mission eines französischen Barack Obama gegeben. »Yes, we can« – Ja, Frankreich kann es.

Kapitel 3

DER PHILOSOPHEN-PRÄSIDENT:

Paul Ricœur und andere geistige Einflüsse

Wes Geistes Kind ist der politische Senkrechtstarter Emmanuel Macron? Weit verbreitet ist die Meinung, er sei nur ein optimales politisches Marketingprodukt, das sich andere ausgedacht haben. Je nach Lesart wurde Macrons überraschender Wahlsieg als verdeckter Schachzug der kollabierenden Sozialisten oder als Triumph der internationalen Hochfinanz interpretiert, die in dem Politiker eine willfährige Marionette gefunden habe. Wahlkommentatoren empörten sich, dass an dem smarten Macron die Vergangenheit als Wirtschaftsminister (August 2014 bis August 2016) einer sozialistischen Regierung »abgetropft« sei. Marine Le Pen wiederum verspottete den politischen Gegner als »Kandidaten der Leere«. »Die neueste von der Oligarchie produzierte Medienblase ist Macron, er steht für nichts, repräsentiert niemanden, hat keinerlei Idee und noch nie gewagt, sich einer demokratischen Wahl zu stellen«, sagte die Rechtspopulistin.

Mehr Schein als Sein, dieses Vorurteil begleitet den kommunikationsgewandten Präsidenten bis heute. Sicher ist, dass der neue Hausherr im Élysée-Palast seinen Aufstieg nicht einer Partei verdankt, sondern seiner eigenen Bewegung »En marche«.

Dass die Abkürzung der Bewegung seinen Initialen entspricht, zeugt zusätzlich von der extremen Personalisierung seines politischen Engagements. Aber Macron ist keine Ich-AG. Die Neugründung zeigt vor allem seine geistige Unabhängigkeit. Macron muss sich keiner politischen Kraft verpflichtet fühlen. Sein Mentor François Hollande forderte vergeblich Loyalität und Dankbarkeit von ihm ein. Doch da war der Zögling ihm schon längst enteilt. Vom erdrückenden sozialistischen Erbe hat Macron sich auf diesem Weg ebenso befreit wie von den Berührungsängsten mit dem anderen politischen Lager. Sein Premierminister Édouard Philippe kommt von der Rechten, auch wenn er inzwischen aus der Partei der Republikaner ausgeschlossen wurde. Dennoch bedeutet Macrons Positionierung als Verteidiger des »Sowohl als auch« (»en même temps«) keinesfalls, dass er von einer verschwommenen apolitischen Landschaft träumt, in der es keine politische Trennschärfe mehr gibt. Sein Plädoyer für das »Weder rechts noch links« war vielmehr der Erkenntnis geschuldet, dass die Grenzziehung zwischen links und rechts aufgrund der fortschreitenden Globalisierung und Europäisierung überholt ist. In beiden dominierenden Parteien, bei den Sozialisten und den Republikanern, zwischen denen sich seit 1958 die Machtwechsel abspielten, hat der ideologische Zusammenhalt aufgrund der immer stärkeren Einbindung in die EU abgenommen. Das zeigte sich bereits während des Mandats Nicolas Sarkozys (2007–2012), als die Präsidentenpartei in einem Kräftemessen zwischen dem proeuropäischen Flügel und dem national-identitären Flügel verharrte. Noch stärker waren diese Selbstzersetzungserscheinungen während des Mandats des Sozialisten François Hollande (2012–2017). Der europaskeptische Flügel rebellierte offen gegen den Teil der sozialistischen Fraktion, der Hollandes Kurs einer zwar nicht freudigen, aber doch kooperativen EU-Politik mittrug.

Zu dem fehlenden ideologischen Zusammenhalt gesellten sich in beiden großen Regierungsparteien Verfallserscheinungen, die das Ergebnis jahrelanger Vetternwirtschaft und mangelnder Diskussionskultur waren. Bei Macron hat sich aus dieser Erfahrung heraus die Einsicht verfestigt, das traditionelle Lagerdenken überwinden zu müssen und eine neue Kraft der Willigen zu begründen, die sich dem Ziel einer effizienten Reform- und Europapolitik verschrieben haben. Gänzlich neu war seine Demarche dabei nicht. Schon 2007 hatte der Zentrist François Bayrou erfolgreich versucht, die Wähler der bürgerlichen Mitte von rechts und links an sich zu binden. Damit erreichte er immerhin 18,5 Prozent der Stimmen im ersten Wahlgang. Aber die Zeit war vor zehn Jahren noch nicht reif für eine politische Neuordnung, wie sie Macron jetzt anstrengt. Dabei hatte Bayrou durchaus den Anspruch, die französischen Reformblockaden durch parteiübergreifende Bündnisse zu überwinden. In einer überraschenden Volte im Februar 2017 bemächtigte er Macron, seinen politischen Traum zu erfüllen. Bayrou schloss eine eigene Präsidentschaftskandidatur aus und sprach sich eindeutig für Macron aus. Damit gab er dem Jüngeren im entscheidenden Moment eine Legitimität, die ihm fehlte.

Macron ist sowohl liberal als auch sozial, setzt in bestimmten Fragen auf staatliche Intervention und in anderen auf private Initiative. Aber vor allem verfügt der Präsident über eine philosophische Bildung, die ihm auf den ersten Blick viele nicht zutrauten. Der junge Strahlemann hat vor seinem Einzug in den Élysée-Palast über alle großen gesellschaftlichen Fragen eingehend nachgedacht. Er ist davon überzeugt, dass sich politische

Überzeugungen nur abseits des Scheinwerferlichts der Kameras ausbilden können. »Es ist eine Notwendigkeit, zu lesen, nachzudenken, Abstand zu nehmen. Natürlich braucht es auch Phasen, wo man sich an der Realität reibt. Aber Denken und Aktion müssen artikuliert werden«, sagte Macron in einem Gespräch mit dem Magazin *1*. Als Intellektueller hat er sich in die Politik gewagt und hatte damit auf Anhieb Erfolg.

Selbst der in der französischen Politik bewanderte Philosoph Peter Sloterdijk konnte sein Erstaunen über Macrons kometenhaften Aufstieg nicht verbergen. Er bezeichnete ihn als »Erscheinung« und fügte hinzu, das sei »ein Begriff, der bisher im politischen Vokabular unbekannt war«. Es habe Jeanne d'Arc gegeben, Charles de Gaullé und jetzt gebe es Emmanuel Macron, so Sloterdijk. In dieser Nachbarschaft fühlt sich der Präsident unbestritten wohl. Beide – die heilige Jungfrau von Orléans und den Widerstandshelden vom 18. Juni 1940 und Gründers der V. Republik – hat er wiederholt als Vorbilder genannt. Als Macron für das offizielle Foto abgelichtet wurde, das alle Amtsstuben Frankreichs schmückt, lagen de Gaulles Kriegsmemoiren aufgeschlagen auf dem Schreibtisch. Jeanne d'Arc hat er frühzeitig gehuldigt und die Volksheldin damit dem Front National zu entreißen versucht. »Wir Franzosen brauchen Jeanne d'Arc, denn sie sagt uns, dass unser Schicksal noch nicht vorbestimmt ist«, sagte Macron im Mai 2016. Damals zweifelte noch ganz Frankreich daran, dass sich das Land aus der Abwärtsspirale befreien könnte. Für Macron ist die Jungfrau eine »Mutmacherin«. Ihre Geschichte sei eine Aufforderung, in die Kräfte Frankreichs zu vertrauen, »denn die französische Energie ist eine, die in den dunkelsten Augenblicken ein Aufbäumen zulässt«, bekundete er.

Stärker als von nationalen Leitfiguren ist Macrons politisches Denken von seinem Philosophiestudium geprägt. Das unterscheidet ihn nicht nur stark von seinen beiden Vorgängern im Amt. Es macht ihn zu einer »frei schwebenden Intelligenz« im Sinne des Philosophen Karl Mannheim. Macron ist parteipolitisch schwer zu verorten. In der Sozialistischen Partei (PS) habe er sich nicht zu Hause gefühlt, bekennt er in »Révolution«. Zahlendes PS-Mitglied war er denkbar kurz, von 2007 bis 2009. Während des Präsidentschaftswahlkampfes hat er bei einem Auftritt mit dem Nationalkonservativen Philippe de Villiers bekundet, »ich bin nicht Sozialist«. Die durch die Zusammenarbeit mit dem damaligen Wirtschaftsminister und SPD-Vorsitzenden Sigmar Gabriel entstandene Deutung, Macron sei eine französische Variante eines deutschen Sozialdemokraten, greift entschieden zu kurz.

Um Macrons politische Verankerung zu verstehen, ist es hilfreich, sich der Revue *Esprit* zuzuwenden. Schon 1999, als Student, nahm er die Mitarbeit auf und gehörte von Januar 2009 bis Januar 2017 dem »Comité de rédaction« an. Mit Rücksicht auf sein politisches Engagement zog er sich Anfang 2017 aus dem Redaktionskomitee zurück. Doch bis heute ist Macron einer der Aktionäre der unabhängigen Revue.

Esprit verbindet eine christlich-soziale Tradition mit einer stark europäischen Ausrichtung und ist ein wichtiges politisches Debattenforum. Der Philosoph Emmanuel Mounier hatte *Esprit* 1932 angesichts der heraufziehenden Gefahr des Faschismus als Zeitschrift »im Kampf gegen die etablierte Unordnung« gegründet. Nach der Besetzung Frankreichs ließ das mit den Nazis verbündete Pétain-Regime das Magazin verbieten. Mounier schloss sich dem Widerstand an, geriet in die Fänge der Gestapo und wurde inhaftiert. Als er im Herbst 1944 nach Paris zurückkehren konnte, setzte er sofort alles daran, eine neue Ausgabe der Revue zu verlegen. Der gläubige Katholik machte sich schon vor Kriegsende Gedanken darüber, wie eine dauerhafte Versöhnung mit Deutschland gelingen könne. Im Oktober 1945 veröffentlichte der Historiker Joseph Rovan in *Esprit* seinen bahnbrechenden Aufsatz »L'Allemagne de nos mérites« (in etwa: »Das Deutschland unseres Verdienstes«), in dem er gegen Bestrafung und Vergeltung im Sinne des Versailler Vertrages plädierte und für eine durch ständigen Austausch und demokratische Vorbildlichkeit geförderte Verständigung mit Deutschland. Der Aufsatz ist ein geradezu unglaubliches Dokument des Vertrauens. Den Autor und das Redaktionskomitee zeichnete trotz der deutschen Kriegsverbrechen der unerschütterliche Glaube aus, dass ein demokratisches neues Deutschland entstehen könne. Ausgerechnet ein Mann wie Rovan, der besonders unter den Nazis zu leiden hatte, brachte diese Geste der Versöhnlichkeit auf. Seine Familie war 1933 aus München emigriert; Rovan war ebenso wie Mounier Mitglied der Résistance und wurde 1944 nach seiner Festnahme durch die Gestapo ins KZ Dachau deportiert.

Mounier gründete wenig später, 1948, mit einem weiteren großen deutsch-französischen Brückenbauer, Alfred Grosser, die Austauschorganisation »Comité français d'échanges avec l'Allemagne nouvelle« (»Französisches Austauschkomitee für ein neues Deutschland«). In der Endphase des Wahlkampfes traf sich Macron zu einem langen Gespräch mit Grosser, dessen Lebensleistung er ausdrücklich würdigte. Mounier und sein Kreis waren beseelt vom Gedanken eines in Frieden, Freiheit und Wohlstand neu entstehenden Europas. Den Geist der deutsch-französischen Verständigung zugunsten eines friedlichen Europas hat sich

Esprit bis heute bewahrt. Macron steht fraglos in dieser Tradition. In seiner Europa-Rede an der Sorbonne zitierte er Emmanuel Mounier mit den Worten: »Das Universelle spricht zu den Menschen in verschiedenen Sprachen, wobei jede für sich einen einzigartigen Aspekt zutage treten lässt.« Macron berief sich auf Mounier, um die Sprachenvielfalt in Europa nicht als Zeichen der Zersplitterung zu sehen, sondern als Bereicherung anzuerkennen. Was am Ende bleibe, sei, was die Menschen vereine, sagte Macron an der Sorbonne und schrieb damit die versöhnliche, völkerverbindende Botschaft Mouniers fort.

Esprit hält bis heute an der mit Mounier begonnenen Gewohnheit fest, öffentliche Redaktionssitzungen mit einem Gastredner abzuhalten, an denen interessierte Zuhörer teilnehmen können. Das dient dem geistigen Austausch und auch der Anwerbung neuer Mitarbeiter. Marc-Olivier Padis, der *Esprit* von 2000 bis 2013 als Chefredakteur und danach bis 2016 als Redaktionsdirektor leitete und zuvor (von 1993 bis 1999) als »sécretaire de rédaction« der Revue angehörte, erinnert sich noch gut an die erste Begegnung mit Emmanuel Macron. Der junge Mann, damals noch mit einem buschigen, unbändigen Haarschopf, habe sich mit charmantem Lächeln und durchdringendem Blick als Student von der »Sciences Po« vorgestellt. Sein Geschichtsprofessor François Dosse hätte ihm empfohlen, einer dieser öffentlichen Sitzungen beizuwohnen, die Themen würden ihn gewiss interessieren. Nun sei er neugierig. Padis sagt rückblickend, es habe viele Studenten wie Macron gegeben, die wissensdurstig und diskussionsfreudig zu *Esprit* kamen. Aber keiner habe so schnell wie Macron das Vertrauen und Ansehen der Redaktion gewonnen. »Er verfolgte aufmerksam die Diskussion und warf dann eine unerwartete, aber sehr treffende Überlegung ein«, erinnert sich Padis. Oftmals habe er seine Unterhaltungen mit Macron nach Ende der Veranstaltung in einer Brasserie oder in einem Café fortgesetzt. Wenn ihn ein Thema interessierte, habe Macron immer Zeit gehabt, so Padis. In der Anfangsphase habe der Student noch stark unter dem Einfluss des abtrünnigen Sozialisten Jean-Pierre Chevènement gestanden. Chevènement hatte die PS 1993 im Streit über den Maastrichter Vertrag verlassen, er hatte beim Referendum im September 1992 gegen die Einführung einer gemeinsamen Währung gestimmt. Chevènement gründete eine linkspatriotische Bürgerbewegung und plädierte dafür, die Nationalstaaten in einem »Europa der Nationen« zu stärken. Er beschwor die Gefahr, dass Frankreich durch die immer stärkere Einbettung in ein föderales Europa seine »Seele« verlieren werde. Deutschland mit seinen föderalen Strukturen gehe ein viel geringeres Risiko ein.

Rückblickend sagte Macron dazu, an Chevènements Überzeugung habe ihn vor allem die Bedeutung des Nationalstaates für die französische Identität inspiriert. Aber auch ein Teil der berechtigten Europakritik Chevènements bestimmt bis heute Macrons europäischen Reformwillen. »Die EU ist durch unser aller Schuld in einen Zustand totaler Erschöpfung geraten. Überall kann man feststellen, dass ihr Ideen und Methoden ausgehen. Sie ist ein seelenloses System, das sich im Leerlauf befindet. Die Gipfel der Staats- und Regierungschefs sind zu einer Karikatur geworden. (…) Dieses System hat sich von der Welt und der Wirklichkeit abgeschnitten«, kritisiert Macron in »Révolution«.

Macrons intellektuelle Verbundenheit mit der Redaktion von *Esprit* wurde auch dadurch befördert, dass er die Arbeit als eine Art Privatsekretär bei einem der wichtigsten französischen Philosophen des 20. Jahrhunderts aufgenommen hatte. Paul Ricœur zählte seit der Gründung zu den regelmäßig veröffentlichenden Autoren, sein Name wurde mit der Revue identifiziert. Nach seinem Tod im Jahr 2005 veröffentliche *Esprit* eine 300 Seiten starke Sondernummer.

Macron schildert seine erste Begegnung mit dem berühmten Philosophen im Gespräch mit der Autorin so: »Ich war damals auf der Suche nach einem Studentenjob, um Geld zu verdienen und mein Professor an der ›Sciences Po‹, der Biograf Ricœurs, François Dosse, fand mich sympathisch und empfahl mich an Ricœur. Der Philosoph suchte damals einen Studenten, um seine Unterlagen zu archivieren, das war keine berauschende Aufgabe. Aber dann ist alles anders gekommen.« Macron erinnert sich, dass er ohne Vorbehalte und Ehrfurcht zu Ricœurs Wohnhaus in einem Vorort im Süden von Paris fuhr. »Der große Philosoph schüchterte mich nicht ein, weil ich ihn schlicht nicht kannte. Ich hatte ihn nicht gelesen. Ich weiß noch, wie ich an einem Samstagnachmittag nach Châtenay-Malabry herausgefahren bin, zu dem seinerzeit von Emmanuel Mounier erworbenen Anwesen Les Murs Blancs, dessen Häuser ursprünglich eine Art Phalanstère bilden sollten. Die Gründerfamilien der Revue *Esprit* wohnten noch dort, die Familie Domenach und die Familie Fraisse. Ricœur, dessen Frau einige Monate zuvor gestorben war, bewohnte nur noch das Erdgeschoss in seinem Haus«, sagt Macron. »Er hat mich empfangen, und wir haben angefangen zu reden und kamen recht schnell auf den Krieg zu sprechen. Unser Gespräch war so angeregt, dass wir bis in den Abend hinein diskutierten. Es wurde dunkel, aber wir machten kein Licht an, sondern sprachen in der Dunkelheit weiter. Gegen 21 Uhr kam Catherine Goldenstein, die sich als Archivarin und Freundin um

Ricœur kümmerte, und machte Licht an.« Das sei der Zeitpunkt gewesen, da Ricœur ihm die ersten zehn Seiten seines Manuskripts von »La mémoire, l'histoire et l'oubli« (»Gedächtnis, Geschichte, Vergessen«) gegeben und gesagt habe: »Sagen Sie mir doch bitte, wie Sie es finden.« Mit einer Unbefangenheit, die »mich heute noch erstaunt«, begann Macron, seine Kommentare an die Seitenränder des Manuskripts zu schreiben.

Rückblickend sagt er: »Mein großes Glück bestand darin, dass Ricœur mir vertraut hat. Das ist sehr protestantisch, dieses Vertrauen in die Intelligenz des anderen, ohne darüber Worte zu verlieren. Es zählt zu den Stärken des Protestantismus, dass er auf Brüderlichkeit gründet, die keiner Hierarchie bedarf.« Der Protestant Ricœur sollte eine prägende Gestalt für Macron werden. Der Jesuitenschüler hatte zuvor wenig Kontakt zu Protestanten gepflegt und beschäftigte sich nun intensiv mit den Ideen der Reformation, mit Martin Luther und dem Schicksal der französischen Protestanten. »Ricœur hat mir damals sehr geholfen, die deutsche Philosophie zu durchdringen. Seine Haltung als Protestant, sein daraus folgender Umgang mit mir, hat mir das Wesen des Protestantismus offenbart, der ein strukturierender Teil Deutschlands ist. Er hat mir auf diese Weise auch beim Verständnis der Kanzlerin geholfen. Brutalität wird im Protestantismus viel stärker als im Katholizismus als destabilisierend empfunden. Die Beziehung zu Texten ist auch ganz anders, dem Wortlaut wird größere Bedeutung beigemessen, jedes Detail zählt. Der Protestantismus prägt ein besonderes Verhältnis zum Vertrauen und zum Wissen, die als grundlegend empfunden werden. Es handelt sich nicht um ein Autoritätsverhältnis wie in der katholischen Kirche und wie in der daraus entstandenen Kultur, deren Erbe in Frankreich stärker präsent ist. Das ist einer der großen Unterschiede zwischen Frankreich und Deutschland«, sagt der Präsident.

Macrons früherer Professor François Dosse erinnert sich, dass er keinen Zweifel daran hatte, dass sein Student und der Philosoph ein fruchtbares Verhältnis eingehen würden. Als Ricœur ihn um Hilfe bei der Suche nach einem Archivmitarbeiter bat, habe er sofort Macron vorgeschlagen. »Ich habe ihm, ohne zu zögern, geantwortet, da ich einen besonders brillanten und wissbegierigen Studenten hatte, dessen intellektuelle Agilität mich beeindruckte und der noch dazu sehr sympathisch und herzlich war«, sagt Dosse. Dieser Student habe ihn auch an der »Sciences Po« jedes Mal wieder verblüfft. Dosses Kurs beschäftigte sich mit der Historiografie, »und ich war immer begeistert von den Zusammenfassungen meines Kurses, die Macron unternahm und die ihn zu unglaublich geistreichen Schlussfolgerungen verleiteten«, erinnert sich der Professor. Er sei sich schnell bewusst geworden, dass Macron ein ganz und gar ungewöhnlicher Student sei.

In der Studentenzeitung *Emile* von der »Sciences Po« schilderte Macron, wie sich die Zusammenarbeit mit Ricœur entwickelte. Der Titel *Emile* geht zurück auf den Politikwissenschaftlicher Émile Boutmy, der 1872 die »École Libre des Sciences Politiques« in Paris unter dem Eindruck der Niederlage im Deutsch-Französischen Krieg von 1870/71 begründete. Ziel dieses Vorläufers von der »Sciences Po« war es, die politische und wirtschaftliche Elite zu erneuern. Es sollten hohe Beamte und andere Entscheidungsträger ausgebildet werden, die sich dem Gemeinwohl verpflichtet fühlten und die junge III. Republik geistig-moralisch stärken sollten. Diesem Ziel einer Elitebildung blieb die später in »Institut d'Études Politiques de Paris« umgetaufte Hochschule treu.

»Sciences Po« versteht sich bis heute auch als Vorbereitung auf die École Nationale d'Administration (Ena), an der in zwei Jahren die höchsten Staatsdiener ausgebildet werden. Macron schlug diesen »republikanischen Königsweg« ein: Nach dem Diplom an der »Sciences Po« absolvierte er die Ena. Parallel dazu war er an der Universität in Nanterre in Philosophie eingeschrieben. Wichtiger als das Philosophiestudium war aber sein persönlicher Austausch mit Ricœur. »Ich sollte mich eigentlich mit Sekretariats- und Archivaraufgaben beschäftigen, aber er gab mir seine Texte zu lesen. Er bat mich, sie zu kommentieren, und hat Punkt für Punkt auf meine Kommentare geantwortet. Daraus entspann sich ein intellektueller Dialog, der sich zunehmend vertiefte und der fast vier Jahre währte«, schilderte Macron in *Emile*. Er habe Ricœur viel zu verdanken. »Paul Ricœur hat mich in Philosophie unterrichtet und mir alle Klassiker zu lesen gegeben. Seine Idee war, dass wir Zwerge auf den Schultern von Riesen sind«, so Macron. Indem wir die Texte großer Philosophen kommentieren, führen wir ihr Denken fort, das habe Ricœur ihm beigebracht.

Macron hatte an der Universität Nanterre seine Masterarbeit (Diplome d'Études Approfondies) zu Georg Wilhelm Hegels »Die Vernunft in der Geschichte« geschrieben. Seither versteht er sich als Hegelianer. Auf den Einfluss Hegels ist zurückzuführen, dass Macron es ablehnt, die Geschichte der Nation erst von der Französischen Revolution an zu denken. Damit bricht er klar mit der vorherrschenden Tradition auf der Linken. In Frankreich gibt es eine starke konservative, katholische Strömung, die sich auf die Monarchie beruft und ein Ressentiment gegen die Revolution hegt. Diese Strömung hat der Präsidentschaftskandidat François Fillon stärker als seine Vorgänger bei den Republikanern beheimatet. Das laizistische, universalistische und republikanische Frankreich hingegen war traditionell auf der Linken angesiedelt, für die die französische Gedächtnispolitik erst 1789 zu beginnen habe. In einer Radiosendung auf »France Culture« während des Wahlkampfes betonte Macron, dass für ihn die Geschichte der französischen Nation »einen Block« darstellt, aus dem man nicht beliebig je nach Parteizugehörigkeit die passenden Kapitel herauslösen könne. Um das Land zu verändern, um Reformen durchzusetzen, müssten sich die Bürger ihrer historischen Wurzeln sicher sein, so Macron. Von Hegels Vorstellung der Weltgeschichte als einer von der Vernunft geprägten Entwicklung (»die List der Geschichte«) zeigt er sich im Gespräch überzeugt. »Ich sehe mich selbst nur als Instrument des Weltgeistes. Ich bin zutiefst von der Geschichtsphilosophie Hegels überzeugt«, sagt er. »Meine Wahl im Mai erscheint auf den ersten Blick wie ein Ding der Unmöglichkeit. Aber ich habe immer geglaubt, dass meine Wahl möglich und sogar wahrscheinlich sei, weil sie dem tiefsten Verlangen des französischen Volkes nach Zukunft und Bewegung entsprang«, so der Präsident. Hegels Geschichtsphilosophie helfe ihm, seine Wahl zu verstehen.

Macron schildert, dass er mit Ricœur seine philosophische Ausbildung wieder von vorn begonnen habe. Er löste sich vom Einfluss seines marxistisch geprägten Professors und Hegel-Spezialisten an der Universität Nanterre, Étienne Balibar. In dieser Phase habe er sogar erwogen, sich gänzlich der Philosophie zu widmen. Doch *Emile* vertraute er 2010 an, er habe nicht so lange warten wollen wie Ricœur. »Ich habe viel über das Leben Ricœurs nachgedacht und hatte keine Lust, ihm nachzueifern. Es fehlte mir in seinem universitären Alltag eine Form von Aktion, von Teilhabe am Gemeinwesen und von Kontakt zu den

Entscheidungsträgern, kurzum ein aktives Leben«, bekannte Macron. Außerdem sei ihm bewusst geworden, dass Ricœur alle seine großen Werke erst nach dem sechzigsten Lebensjahr geschrieben habe. So lange hätte er auf keinen Fall warten wollen. Dennoch blickt Macron voll Dankbarkeit auf diese »philosophische Phase« zurück. »An Ricœurs Seite begann ich, das vergangene Jahrhundert zu verstehen und historisch zu denken. Er vermittelte mir, mit welchem Ernst man bestimmte Themen und tragische Momente erfassen muss. Er brachte mir bei, von Texten her zu denken und dennoch das Leben nicht aus dem Blick zu verlieren, in einem dauernden Hin und Her zwischen Theorie und Wirklichkeit«, schreibt Macron in seinem Buch »Révolution«. Er habe von ihm gelernt, sich nie in einer Theorie zu vergraben, aber auch der Oberflächlichkeit von Emotionen zu misstrauen. »Wir sind, was zu werden wir bei unseren Lehrern lernen. Diese geistige Nähe Paul Ricœurs hat mich verändert«, schließt Macron.

Das Verhältnis zwischen dem damals 85 Jahre alten Denker und dem 21 Jahre alten Studenten wird von allen Beobachtern als einzigartig beschrieben. François Dosse hat dem ungewöhnlichen Gespann gerade unter dem Titel »Der Philosoph und der Präsident« ein Buch gewidmet. Rückblickend wundere er sich über den intellektuellen Wagemut Macrons, sagt Dosse, denn dieser habe sich nicht gescheut, die Texte Ricœurs mit manchmal überaus kritischen Anmerkungen zu versehen. In seinem Vorwort zu »Gedächtnis, Geschichte, Vergessen« dankt der Philosoph namentlich Emmanuel Macron. Laut Dosse könne es überhaupt keinen Zweifel daran geben, dass Ricœur den Studenten sehr geschätzt habe und ihm außerordentlich gewogen war. Er habe kein Verständnis dafür, wenn Macron kritisiert werde, weil er vorgeblich mit dieser Zusammenarbeit prahle und sich unverdiente philosophische Meriten zuschreibe.

Der Historiker erinnert sich begeistert daran, wie Macron acht Jahre nach dem Tod Ricœurs 2013 bei einem Kolloquium in Paris über das Lebenswerk des Philosophen kurzfristig für Präsident Hollande einsprang und die Eröffnungsrede hielt. Dosse kramt auf seinem mit Büchern und Papieren überladenen Schreibtisch und zieht triumphierend das von Hollande handschriftlich korrigierte Manuskript der Rede hervor, das Macron ihm geschenkt hatte. Macron erinnerte schon damals – er sollte dies bei seiner Rede zur Eröffnung der Frankfurter Buchmesse im Oktober 2017 wiederholen – an das von den Kriegen bestimmte Schicksal Ricœurs. Der Philosoph wuchs nach dem frühen Tod seiner Mutter als Waise auf, sein Vater fiel 1915 in der Marne-Schlacht. Oftmals sagte er, seine Eltern seien die Bücher gewesen. Im Zweiten Weltkrieg kam er in Kriegsgefangenschaft und wurde nach Hinterpommern verbracht. Dort übersetzte Ricœur Edmund Husserls Ideen zu einer reinen Phänomenologie ins Französische. Mangels Papier kritzelte er die Übersetzung an den Rand des Originals, immerhin so leserlich, dass sie nach Kriegsende vom Gallimard-Verlag gedruckt werden konnte. Macron hat das sehr bewundert und in seiner Frankfurter Rede eindrücklich darüber gesprochen. Im Gespräch mit der Autorin ergänzt der Präsident: »Die Weltkriege, die deutsch-französischen Konflikte haben Ricœur beider Eltern beraubt und fünf Jahre seines Lebens. Aber er hatte diese innere Kraft, sich nicht von Deutschland und nicht von der deutschen Philosophie abzuwenden. Zum Kriegsende hat er sich in Straßburg niedergelassen. Er hat mich wirklich beeindruckt, weil es schon große Seelenstärke braucht, um nicht dem Hass zu verfallen. Seine moralische Kraft war groß, sich unablässig darum zu bemühen, den anderen zu verstehen. Er stand stets in Verbindung mit deutschen Philosophen.«

Macron erlebte aber auch eine schwierige Phase, die Ricœur in seinen letzten Jahren durchmachen musste. »Er hat sehr darunter gelitten, als nach der Veröffentlichung von ›Gedächtnis, Geschichte, Vergessen‹ eine heftige Polemik ausbrach. Ricœur war in seinem Buch auf den Briefwechsel zwischen François Furet und Ernst Nolte zur Singularität der Schoah und zur Rolle des sowjetischen Totalitarismus eingegangen. Frankreich hatte keinen Historikerstreit geführt und war zu dem Zeitpunkt nicht reif für eine solche Debatte. Die Polemik war fürchterlich: Wie können Sie Briefe eines revisionistischen Historikers kommentieren, hieß es. Dieser Briefwechsel hatte auch François Furet zum Ende seines Lebens schwer geschadet«, erinnert sich Macron.

Ernst Nolte war im Juni 1986 in einem Artikel in der *Frankfurter Allgemeinen Zeitung* mit der These hervorgetreten, wonach ein »kausaler Nexus« zwischen Gulag und Auschwitz bestanden hätte, der nationalsozialistische »Rassenmord« mithin eine Reaktion auf das »logische und faktische Prius« des bolschewistischen »Klassenmordes« sei. Darüber empörten sich Historiker und Philosophen wie Jürgen Habermas, die darin einen Versuch der Verharmlosung des Völkermordes an den Juden sahen. Dem Vergleich von Gulag und Auschwitz haftete fortan der Hautgout einer moralischen Entlastung des im deutschen Namen begangenen Massenmordes an. Nolte betonte indessen, dass es ihm nicht um die Rechtfertigung eines Massenmordes durch einen anderen ging und er zwischen sozialer und rassischer Vernichtung differenziere.

Durch den Historikerstreit wurde Nolte, der 2016 starb, in die extrem rechte Ecke gestellt. Gleichwohl weckten seine Thesen auch im Ausland Interesse. So beschäftigte den französischen Historiker François Furet Noltes These vom 20. Jahrhundert als Kampfzeit der Ideologien. Darüber hatte sich die Korrespondenz der beiden entwickelt. Doch auch in Frankreich herrschte Unverständnis, dass Furet dem berüchtigten deutschen Historiker so viel Aufmerksamkeit widmete. In den Bannstrahl dieser Auseinandersetzung wurde dann auch Ricœur gezogen. »Aber diese Auseinandersetzung zeigte vor allem, wer Ricœur wirklich war: Er war immer bereit, sich auch mit denjenigen auszutauschen, die seine Grundüberzeugungen nicht teilten, aber die zum Verständnis eines geschichtlichen Moments beitragen könnten. Diese Fähigkeit steht auf gewisse Weise auch im Kern der deutsch-französischen Debatte. Ricœur war davon überzeugt, dass die Wahrheit immer einer tief gehenden Debatte entspringt«, sagt Macron.

Ricœur hat sich zeitlebens mit den Verirrungen des 20. Jahrhunderts befasst. 1984 schrieb er einen Text über die Thematik des Fremdseins in *Esprit,* in dem er sich zu seiner Teilnahme 1940 im »Cercle Pétain«, einem in den Gefangenenlagern begründeten Kreis zur Unterstützung des französischen Kollaborationsregimes, bekannte. Das in *Esprit* abgedruckte Eingeständnis führte ebenfalls zu einer gewissen Aufregung.

Macrons erste Mitarbeit für *Esprit* bestand just in einer Buchbesprechung des bedeutenden ricœurschen Spätwerks »Gedächtnis, Geschichte, Vergessen«. Unter der Überschrift »Das helle Licht der Vergangenheit« (»La lumière blanche du passé«) besprach er ausführlich das Buch und ließ dabei auch viel von seinem eigenen Verständnis der komplexen Beziehung zwischen

Gedenken und geschichtlichen Ereignissen sowie zwischen individueller und kollektiver Erinnerung einfließen. Der sechzehn Seiten lange Artikel, der im August 2000 erschien, nimmt schon in großen Zügen vorweg, wie Macron als Präsident die Erinnerungskultur für Frankreich zu gestalten gedenkt. Das ist insbesondere in Bezug auf Deutschland von Gewicht.

In den vergangenen Jahren ist in der politischen Debatte in Frankreich durch die Rechtspopulistin Marine Le Pen, aber auch durch den Wortführer der Linkspartei »La France Insoumise« (etwa: »Unbeugsames Frankreich«) Jean-Luc Mélenchon eine germanophobe Argumentationsweise zurückgekehrt. Auch ein Teil der Sozialisten hat sich davon anstecken lassen. Kurz gefasst, läuft sie darauf hinaus, Frankreich als Verlierer des europäischen Einigungsprozesses darzustellen. Aufgrund der französischen Versöhnungsbereitschaft sei Deutschland von allen moralischen Altlasten der Weltkriege wie befreit. Dem Land sei nicht nur die Wiedervereinigung gelungen. Der wirtschaftlich erstarkte Nachbar nutze die EU auch, um alle anderen EU-Partner, insbesondere Frankreich, zu unterjochen und diesen ihm genehme Regeln aufzuzwingen. Das Verlangen wechselnder Bundesregierungen nach Haushaltssanierung und Strukturreformen wird unter dem Aspekt eines deutschen Diktats gesehen. Mélenchon hat dieser These ein ganzes Buch mit dem vielsagenden Titel »Bismarcks Hering – Das deutsche Gift« gewidmet.

Auch Le Pens Rhetorik über den französischen Präsidenten als Vasall des jeweiligen Bundeskanzlers bedient sich dieses abwertenden Selbstbildes. Vor diesem Hintergrund lehnen sowohl Le Pen als auch Mélenchon Gedenkzeremonien ohne Siegerpathos als Unterwerfungsrituale ab. Le Pen empörte sich beispielsweise, dass Macron in seiner Rede am 17. Juli 2017 zum Gedenken an die Juden-Razzien vom 16. und 17. Juli 1942 in Paris die Mitschuld des damaligen Kollaborationsregimes, des Vichy-Regimes, unter Führung des Marschalls Philippe Pétain anerkannte. Schon 1995 hatte der damalige Präsident Jacques Chirac mit der staatlichen Lebenslüge eines einigen Frankreichs von Widerstandskämpfern gebrochen und eine Mittäterschaft französischer Beamter bei der Judenverfolgung anerkannt. Die Razzien des Wintervelodroms, jener alten Radrennbahn, die damals als Sammelplatz für die zu Deportierenden diente, haben sich seither über Filme und Bücher als besonders beschämendes Erbe eingeprägt. Denn nur dank des Pflichteifers französischer Polizisten war es möglich, innerhalb kürzester Zeit mehr als 13 000 Juden, darunter viele Kinder, zusammenzutreiben. Doch diese Interpretation der eigenen Geschichte stößt zunehmend auf Widerspruch, befördert von dem Eindruck, dass die deutsche Schuld durch die französische Mitschuld in der kollektiven Erinnerung verringert werden soll.

Macron hingegen sieht es als Aufgabe eines Präsidenten, die Bürger mit einer ehrlichen Geschichtsschreibung zu konfrontieren und sie nicht mit gefälligen Mythen in einem unehrlichen Geschichtsverständnis verharren zu lassen. »Es wäre so bequem, im Vichy-Regime nur eine aus dem Nichts geborene und wieder ins Nichts zurückgekehrte Monstrosität zu sehen. Es wäre so bequem zu glauben, dass die Beamten nach der Befreiung schon ihre gerechte Strafe erhalten hätten. Es ist so bequem, so bequem, aber es ist unwahr. Man kann seinen Stolz nicht auf einer Lüge gründen«, sagte Macron in seiner Rede im Juli 2017. Damit erwähnte er zum ersten Mal auch die Tatsache, dass der Antisemitismus nicht nur eine vier Jahre währende Klammer in der französischen Geschichte bildet, sondern tiefer zurückreicht und nach der Befreiung 1944 nicht plötzlich verschwand. Auf diese Weise schrieb er auch den Front National in diese lange Geschichte ein, was Chirac seinerzeit nicht gewagt hatte.

Die Vorstellung, dass Geschichtsschreibung »ein Wahrheitsprojekt« ist, hatte Macron schon in seinem Essay in *Esprit* dargelegt. Er berief sich auf Ricœur, um ein versöhnliches kollektives Erinnern vorzuschlagen. Dies setze aber die Pflicht zur Wahrheit, aber noch mehr eine Bereitschaft zur Versöhnung voraus. Nur die »Bewegung« hin zum Pardon gestatte, sich der Vergangenheit verbunden und zugleich entbunden zu fühlen, schrieb Macron. Dies sei die Voraussetzung für ein »glückliches Erinnern«, worunter er ein befriedetes, von Spannungen und Rachewünschen befreites Erinnern versteht.

In Ansätzen ist hier schon zu erkennen, wie Macron im Élysée-Palast unter dem Einfluss der Philosophie Ricœurs Geschichtspolitik betreibt. Am 6. Juni 2017 reiste der Präsident in die Ortschaft Oradour-sur-Glane im Limousin. Am 6. Juni 1944 hatten Soldaten der 3. Kompanie des Panzergrenadier-Regiments »Der Führer« der 2. SS-Panzerdivision »Das Reich« 642 Männer, Frauen und Kinder ermordet und alle Häuser des Dorfes in Brand gesteckt. Erst 69 Jahre nach dem Massaker war es Anfang September 2013 in Oradour zu einer deutsch-französischen Versöhnungsgeste gekommen. »Ich teile die Bitterkeit darüber, dass Mörder nicht zur Verantwortung gezogen wurden, dass schwerste Verbrechen ungesühnt blieben«, sagte damals Bundespräsident Joachim Gauck vor den Nachfahren der wenigen Überlebenden. Deutsche hätten an diesem Ort schwere Schuld auf sich geladen.

Macron wies in seiner Rede vier Jahre später darauf hin, dass die Erinnerung an das Massaker immer schwächer und ungenauer werde. Er drückte damit ein besonderes Anliegen seiner Generation aus, für die beide Weltkriege kaum mehr nachvollziehbar seien. Macron wandte sich direkt an eingeladene Schüler in Oradour, um sie dazu aufzufordern, die Geschichte des Ortes weiterzuerzählen und zu vermitteln, wofür es schon bald keine Zeitzeugen mehr geben werde. »›Nie wieder‹, haben Generationen von Überlebenden der schrecklichen Kriege des 20. Jahrhunderts gesagt. ›Nie wieder‹, haben die Familien von Oradour, von Tulle, von Maillé, von Ussel und anderen Orten der Kriegsgräuel gesagt. Aber wir wissen, dass alles wieder beginnt und dass alles wieder beginnen kann«, mahnte Macron. Es sei die Verantwortung der jungen Generation, darüber zu wachen, dass niemand die Lehren der Kriege vergisst. »Wir würden gerne sagen, dass es sich um eine weit zurückliegende Vergangenheit handelt, aber wenn wir nach Ruanda oder nach Jugoslawien blicken oder heute nach Syrien, dann geht das nicht«, sagte Macron. Es sei leicht, sich über Begriffe wie Humanismus, Toleranz, Wohlwollen und Hoffnung lustig zu machen. Der Präsident forderte die Schüler auf, genau diese Begriffe zu verteidigen. Das sei das wichtigste Anliegen jeder Bildungspolitik.

Der Präsident will Widersprüche auflösen, gerade im Verhältnis zu Deutschland. Deshalb hat er am Hartmannsweilerkopf, einer Bergkuppe im Elsass, erstmals nicht nur des Ersten Weltkrieges gedacht. Nein, er versuchte sich in die Perspektive des damaligen Feindes hineinzuversetzen, mit der Fähigkeit des Einfühlens in den anderen, wie sie Ricœur in »La mémoire, l'histoire, l'oubli« fordert. Entstanden ist daraus die Erkenntnis, dass Frankreich mit dem Versailler Vertrag zwar einen Friedensvertrag geschlossen, aber sich nicht versöhnt habe. Das ist für einen französischen Präsidenten eine geradezu revolutionäre Sichtweise. Noch beim Gedenken an den Beginn des Ersten Weltkrieges verteidigte Macrons Vorgänger François Hollande die These, dass der Versailler Vertrag die logische Konsequenz des vom »Grande Guerre« ausgebluteten Frankreichs war.

Macron erinnerte am 10. November 2017 im Elsass daran, dass das Gedenken an die Gefallenen durchaus Rachegefühle schüren kann. Sofort nach dem Ersten Weltkrieg sei der Hartmannsweilerkopf zu einem Besuchermagneten geworden, an dem die Menschen die Gräuel des Krieges besichtigen wollten. »Aber wozu war dieses Erinnern gut? Wozu dienten diese Pilgerfahrten, wenn die Herzen der Menschen noch von Rache, von enthemmtem Nationalismus und wildem Triumphgehabe bestimmt waren?«, fragte Macron in seiner Rede an der Seite von Bundespräsident Frank-Walter Steinmeier. Damals hätten sich zwei feindliche, miteinander rivalisierende Geschichtsbilder gegenübergestanden. Deshalb sei ein weiterer Weltkrieg möglich gewesen. »Es reicht eben nicht, sich zu erinnern. Wir müssen versuchen zu verstehen«, plädierte Macron. Dieser Aufgabe, ein gemeinsames deutsch-französisches Geschichtsbild zu erarbeiten, wolle er sich stellen. Er knüpfte damit an die mit dem Projekt eines deutsch-französischen Geschichtsbuchs für die Oberschule begonnene reflektierende Vergangenheitsbewältigung an. Das deutsch-französische Geschichtsbuch wird in den Klassenzimmern indessen kaum genutzt, denn es widerspricht in seiner chronologischen Abfolge in Frankreich den Lehrplänen.

Am Hartmannsweilerkopf weihten die beiden Präsidenten ein Museum ein, das zum ersten Mal den deutschen mit dem französischen Blick auf die Schlacht konfrontiert. Ausgearbeitet wurde die Ausstellung unter der Leitung eines deutschen und eines französischen Historikers. Auch daran zeigt sich, wie weit die Öffnung Frankreichs inzwischen geht. Noch vor wenigen Jahren wäre es undenkbar gewesen, einem deutschen Historiker die Interpretation anzuvertrauen. Denn das Gedenken an den »Großen Krieg« war so sehr identitätsstiftend, dass jeglicher Blick von außen auf Misstrauen und Argwohn stieß. Über das 2013 kurz vor Beginn des großen Gedenkreigens veröffentlichte Buch des australischen Historikers Christopher Clark »Die Schlafwandler«, das die deutsche Schuld relativiert, wurde im sonst so diskussionsfreudigen Frankreich keine Debatte geführt. 2008 war der Tod des letzten Kriegsveteranen mit einem feierlichen Staatsakt und breiter öffentlicher Anteilnahme gewürdigt worden. In Deutschland war der letzte Veteran einige Monate zuvor gestorben, doch niemand erinnerte daran. Auch vor diesem Hintergrund ist beachtlich, wie weit Macron auf dem Weg der »ehrlichen« Geschichtsschreibung im Elsass gegangen ist. »Der Waffenstillstand von 1918 hat den Krieg nicht beendet. Der Krieg ist auf anderen Wegen weitergegangen, insbesondere durch die Verträge, die in seiner Folge unterzeichnet wurden und die Salz auf die noch offenen Wunden streuten«, sagte Macron am Hartmannsweilerkopf.

Mit dieser schonungslosen Neubewertung ebnet er den Weg für eine Gedenkfeier zum Tag der Waffenstillstandsunterzeichnung am 11. November 2018 mit allen Kriegsparteien in Paris. Repräsentanten von insgesamt achtzig Ländern – im Ersten Weltkrieg kämpften viele Soldaten aus den damaligen Kolonien – sollen in der französischen Hauptstadt zum Gedenken zusammenkommen. Auffällig ist dabei, dass Macron den Blick auf den Ersten Weltkrieg anders als seine Vorgänger nicht personalisiert. Seine vier Urgroßväter kämpften auf den Schlachtfeldern der

Somme: Ernest Arribet, Fabien Noguès und Henri Macron in der französischen Armee, George William Robertson im British Expeditionary Force. Letzterer wurde wegen besonderer Heldenhaftigkeit nach der Somme-Schlacht ausgezeichnet und heiratete nach dem Waffenstillstand eine junge Frau aus Amiens. Macron hat es immer lieber bei dem Hinweis belassen, dass seine Heimat »durch Kriegsgräber legendär ist«. Er wisse um den Reiz, die Traurigkeit und die Leiden seiner Heimatregion: »Sie hat alle Kriege Europas erlebt, alle.«

Erinnern muss aus Sicht Macrons vielleicht auch deshalb immer einen versöhnlichen Zweck erfüllen. So zumindest beschreibt er seine Rolle. Wenn die Erinnerung »schmerzhaft« sei, dann könnten Worte des Präsidenten notwendig sein, um den Zusammenhalt der Menschen zu stärken. Es gelte jedoch nicht mehr wie unter seinem Vorgänger François Hollande das Prinzip »ein Gedenktag, eine Rede«. Hollande war zum Schluss als »Chrysanthemen-Präsident« verschrien, weil er bei jeder Gelegenheit Kränze niederlegte. Macron hält sich zugute, dass er einer Generation angehört, deren Blick auf die Geschichte »weder von Totems noch von Tabus« bestimmt sei. Es wurde dennoch als Tabubruch empfunden, als er im Februar 2017 im algerischen Fernsehen die Kolonisierung Algeriens durch Frankreich als »Verbrechen gegen die Menschlichkeit« bezeichnete. Macron entfachte einen Sturm der Entrüstung bei den Nachfahren der französischen Algerien-Siedler, den sogenannten pieds-noirs. Bis in die Sozialistische Partei hinein wurde sein »Patzer« negativ kommentiert. Vom Versöhnungs- und Verständigungsanspruch seines Mentors Ricœur war Macron weit entfernt. Dabei zeugt die Aussage vom Willen Macrons, die gesamte Kolonialvergangenheit Frankreichs neu zu bewerten. Präsident Jacques Chirac hatte zur Versöhnung mit dem algerischen Regime das Massaker von Sétif anerkannt. Französische Soldaten und Sicherheitskräfte hatten am 8. Mai 1945 eine Demonstration von Algeriern brutal niedergeschlagen. Bei dem Blutvergießen wurden nach Schätzungen bis zu 30 000 Algerier getötet. Es steht zu erwarten, dass der junge Präsident zur Kolonialvergangenheit nicht das letzte Wort gesprochen hat.

Der Austausch mit dem Philosophen Paul Ricœur hat nicht nur großen Einfluss auf Macrons Geschichtsverständnis ausgeübt. Auf ihn geht der immer deutlicher zutage tretende Versuch zurück, »uns« die Zeit zu erzählen und mit diesem Narrativ wieder Zusammenhalt zu stiften. Diese durch die große Erzählung gestiftete gemeinsame Identität will der Präsident auch in Europa entstehen lassen.

Ricœurs Ideen sind gleichermaßen prägend für das Gerechtigkeitsideal Macrons, das vom Egalitätstraum der französischen Linken und insbesondere der Sozialisten abweicht. Macron hat einmal gescherzt, Frankreich sei reformunfähig, deshalb strebe er einen radikalen Umbau an. Tatsächlich probiert er etwas aus, was im wohlfahrtsstaatsgläubigen Frankreich noch nie versucht wurde. Philosophisch unterfüttert sind die Veränderungen von der Gerechtigkeitstheorie des amerikanischen Philosophen John Rawls. Als der asketische Denker in seinem Studierzimmer an der altehrwürdigen Harvard University sein Lebenswerk schrieb, war Macron noch nicht geboren. Aber in seine philosophische Phase mit Ricœur und *Esprit* fällt just der Versuch Rawls, in seinem Buch »Politischer Liberalismus« die Gerechtigkeitstheorie zu vertiefen. In Frankreich zählt Ricœur zu denjenigen, die sich am meisten von Rawls inspiriert fühlten. Macron findet in den

Schriften des amerikanischen Denkers die philosophische Begründung für alles, was ihm am dominanten Egalitätsgedanken der Sozialisten nicht behagt. Seine Umbauarbeiten an den sozialen Sicherungssystemen, aber auch in den Bereichen Schule und berufliche Bildung sind mit rawlsschen Vorstellungen unterfüttert. Wie aber hat Rawls den Gerechtigkeitsbegriff definiert? Für ihn hat zunächst einmal das Richtige den Vorrang vor dem Guten und das Recht den Vorrang vor der Tugend. Das klingt jetzt abstrakt, ist es aber nicht. Als Macron beispielsweise im November 2017 ein Pariser Lokal der Wohltätigkeitsorganisation »Restaurants du cœur« besucht, die während der Wintermonate Millionen warme Mahlzeiten an Bedürftige im ganzen Land ausgibt, trifft er auf eine junge Frau. Die Marokkanerin fleht ihn an, ihm eine Aufenthaltsgenehmigung zu beschaffen. »Wir können nicht alle aufnehmen. Sie müssen in ihr Land zurückkehren. Sie sind in Marokko nicht in Gefahr. Frankreich ist ein großzügiges Land und respektiert das Asylrecht. Wir tragen unseren Anteil, aber wir können nicht die ganze Misere der Welt aufnehmen«, sagte Macron ihr. Der letzte Satz war ein Zitat des verstorbenen sozialistischen Premierministers Michel Rocard, der bei der Hochzeit von Macron und seiner Frau Brigitte in Le Touquet die Rede auf das Brautpaar gehalten hatte. Macron machte deutlich, dass bei ihm das Richtige Vorrang vor dem Guten haben und das Recht vor der Tugend walten solle. Unter diesen Vorzeichen sieht er auch die europäische Asyl- und Einwanderungspolitik, die er durchsetzen will.

Rawls, der stark von der protestantischen Gesinnungsethik und von dem Philosophen Immanuel Kant geprägt war, hat zudem eine der französischen Linken fremde Unterscheidung zwischen gerechten Verhältnissen und gerechten (oder gar guten)

Menschen vorgenommen. Diese Unterscheidung bestimmt auch Macrons politischen Ansatz. Er will gerechte Verhältnisse, aber nicht den »guten Menschen« schaffen, wie dies etwa die frühere sozialistische Bildungsministerin Najat Vallaud-Belkacem beabsichtigte. Ein Beispiel ist die geschlechtergerechte Schreibweise, die Vallaud-Belkacem in den Schulen einführen wollte und die Macron als Zwangsmaßnahme strikt ablehnt.

Macrons Leitmotiv ist die Chancengleichheit, nicht die Gleichheit aller Bürger. Wie Rawls ist er überzeugt davon, dass soziale und wirtschaftliche Ungleichheiten im Interesse aller sein können. Sie sind aber nur dann berechtigt, wenn sie auch den am wenigsten Begünstigten mehr Vorteile bringen als strikte Gleichheit. Auf diese Weise hat Macron begründet, dass er die Vermögenssteuer für Reiche mit einem Vermögen über 1,3 Millionen Euro abschafft. Die Sozialisten und andere Linke heulten auf und ziehen ihn einen »Präsidenten der Reichen«. Aber Macron ist der Meinung, dass die Gesellschaft mehr davon profitiert, Leistungsträger nicht mit einer Sonderabgabe abzuschrecken. Schon als sein Vorgänger François Hollande eine Reichensteuer vorstellte – 75 Prozent für Einkünfte über eine Million Euro, stöhnte Macron, das sei jetzt »wie Kuba, nur ohne Sonne«.

Der Harvard-Professor Amartya Sen hat Rawls' Gerechtigkeitstheorie durch einen Fähigkeiten-Ansatz ergänzt, der Macron ebenfalls inspiriert. Es könne nicht nur darauf ankommen, auf Chancengleichheit hinzuarbeiten, es müsse auch berücksichtigt werden, wozu Menschen faktisch fähig sind, so kurz gefasst Sens Theorie. Dies spielt eine große Rolle etwa bei der von Macron geplanten Stärkung des Lehrstellensystems und insgesamt der beruflichen Ausbildung. Bislang hatte sich unter dem Einfluss der Sozialisten das Ziel eingeprägt, dass alle Kinder einer Altersstufe jeweils zum Baccalauréat, dem französischen Abitur, gebracht werden sollten. Eine Lehrausbildung wurde als Scheitern betrachtet und bestenfalls für hoffnungslose Fälle angeboten. Das Ideal, stark vom Egalitätsgedanken geprägt, war eine Nation von Abiturienten. Ein Schulmodell wie in Deutschland mit Haupt- und Realschule sowie gymnasialem Zweig gibt es seit Mitte der 1970er-Jahre nicht mehr. Alle Kinder werden bis zum Beginn der gymnasialen Oberstufe in einer einheitlichen Mittelstufe (»Collège unique«) unterrichtet. Deshalb ist die Schulwahl so wichtig, weil das Niveau von Einheitsstufe zu Einheitsstufe stark variiert. Macron will jetzt ein duales Ausbildungssystem aufwerten, da er davon überzeugt ist, dass nicht alle Schüler faktisch fähig sind, die allgemeine Hochschulreife zu erwerben. Aber dieser Ansatz ist höchst umstritten. Schon protestieren Lehrergewerkschaften, dass dies einer Ausgrenzung von bestimmten Schülern gleichkomme.

Macron hat sich seit Langem darauf vorbereitet, ins Visier einer von den Medien geförderten Protestkultur zu geraten. Er stellte sich frühzeitig die Frage, wie langfristig greifende Reformprojekte angesichts der kurzfristigen Aufmerksamkeits- und Aufregungsspannen in der Presse zu einem erfolgreichen Ende gebracht werden können. Unter den sechs Beiträgen in *Esprit,* die Macron neben seiner Arbeit im Redaktionskomitee unter eigenem Namen verfasst hat, hebt sich ein Essay mit dem Titel »Die Labyrinthe der Politik« ab. Der in der März/April-Ausgabe 2011 veröffentlichte Text dreht sich um die Frage, wie sehr die Präsidentenwahlen in Frankreich den gesamten demokratischen Meinungsfindungsprozess bestimmen. Macron bezeichnet die Präsidentenwahlen als »Spasmus«. Seit der Verfassungsreform im Jahr 2001, mit der die Amtszeit der Präsidenten von sieben auf fünf Jahre verkürzt wurde, würden die Abgeordneten der Nationalversammlung noch stärker als zuvor vom Präsidenten abhängen. Ihr Wohl und Wehe sei aufgrund der identischen Mandatsdauer unmittelbar verknüpft.

In dem Beitrag deutet sich schon die gewagte Schlussfolgerung an, die Macron sechs Jahre später aus dieser schicksalhaften Verstrickung zwischen Präsident und Abgeordneten ziehen sollte. Es ist zu erkennen, dass er es für möglich hält, dass ein durch die Direktwahl frisch legitimierter Präsident bei den nachfolgenden Parlamentswahlen von den kohärent denkenden Wählern eine Regierungsmehrheit erhält. Diese Option hatten selbst Macron mit Sympathien zugewandte Politiker wie etwa der Zentrist Jean Peyrelevade noch im März 2017 ausgeschlossen. Es galt als ausgemacht, dass Macron mit viel Glück die Präsidentenwahlen gewinnen, aber in keinem Falle mit einer Bewegung von Unbekannten und politischen Newcomern eine parlamentarische Mehrheit erobern könne. Die Wortführer der wichtigsten »Altparteien« teilten diese Analyse. So kündigte etwa der Spitzenkandidat der Republikaner bei den Parlamentswahlen, François Baroin, an, Macron müsse sich auf eine Machtteilung (»Kohabitation«) einstellen. Marine Le Pen versprach, dass ihre Partei Front National als größte Fraktion in die Nationalversammlung einziehen werde. Keine dieser Behauptungen hat sich bewahrheitet.

Macron beschäftigt sich in dem Essay auch intensiv mit der Frage, wie angesichts der Kurzlebigkeit der medialen Debatten langfristige politische Anliegen im Interesse des Gemeinwohls verfolgt werden können. Hier zeigt er bereits auf, wie sehr er den Vorrang scheinbar dringlicher Probleme zuungunsten weniger akuter Fragestellungen wie etwa zur Klimapolitik, zur Überalterung der Bevölkerung oder zur Staatsschuldenproblematik ablehnt. In unmissverständlicher Klarheit prangert er an, wie Politiker aus Angst vor dem kurzfristigen Risiko schmerzhafter Kürzungen eine dauerhafte Haushaltssanierung immer wieder verschoben haben. »Wenn es sich um langfristige Probleme handelt, dann ziehen die politisch Verantwortlichen eine symbolische Behandlung vor, ohne die gebotenen strukturellen Reformen zu unternehmen und sich den politischen Kosten auszusetzen, die diese nach sich führen könnten«, schreibt Macron im *Esprit*. Er erwähnt lobend die damals diskutierte »goldene Regel«, eine dauerhafte Schuldenbremse nach deutschem Vorbild einzuführen. Zugleich zeigte er sich pessimistisch, dass diese in Frankreich in die Verfassung aufgenommen würde. Eine Schuldenbremse würde die Gestaltungsmacht der politisch Verantwortlichen verringern, deshalb habe sie kaum Aussicht auf Erfolg. Macron sollte auch in diesem Punkt recht behalten.

Kapitel 4

»ICH HÄTTE GERN NOCH EINEN KOFFER IN BERLIN«:

Macrons Verhältnis zu Deutschland

Seine Vorgänger waren »nur« französische Präsidenten geworden, Emmanuel Macron aber hat sich den Deutschen gleich als Retter Europas vorgestellt. Nie zuvor sind einem neuen Hausherrn im Élysée-Palast seit Kriegsende deshalb die Sympathien aus Deutschland so zugeflogen wie Macron. Zumindest eine Zeit lang. Der junge Mann spielte die Rolle des kühnen Drachentöters, der Marine Le Pen besiegte.

Doch im Glanz dieser Heldentat durfte er sich nicht lange sonnen. Auch wenn er verhindert hat, dass sich nach dem Brexit noch ein wichtiger Partner abwendet, schlägt ihm inzwischen auch Misstrauen aus Deutschland entgegen. »Teurer Freund« titelte nicht nur der *Spiegel*. In deutschen Medien wurde allenthalben gefragt, was der junge Präsident den deutschen Steuerzahler noch kosten werde. Die Erleichterung über das Scheitern Le Pens wich schnell neuen Bedenken. Macrons Charisma macht ihn geradezu verdächtig. Wird er die Entscheidungsträger in Berlin auf dieses Weise »verführen«? Dabei wird ausgeblendet, was die Alternative zu Macron gewesen wäre. Die Rechtspopulistin Le Pen hatte mit dem Ausstieg aus der Euro-Zone und dem Bruch mit der als übermächtig empfundenen Bundesregierung geworben. Macron hat sich dagegen aufgelehnt, einen Konflikt mit Berlin heraufzubeschwören, und gewonnen. Sein Verhältnis zu Deutschland ist indessen komplexer, als es manchmal in der deutschen Wahrnehmung den Anschein hat.

Macron, Jahrgang 1977, zählt zur »Generation Erasmus«. Wie viele junge Leute seiner Generation hat er als Schüler an Austauschprogrammen nach Deutschland teilgenommen, die in der aktiven Phase der Versöhnung gewachsen sind. Seine Heimatstadt Amiens pflegt gleich zwei Städtepartnerschaften: mit Görlitz und mit Dortmund. Die Verbindung Amiens – Dortmund ist eine der ältesten Partnerschaften im deutsch-französischen Verhältnis. Im Jahre 1952 kam bei einem Gespräch zwischen dem damaligen Bürgermeister der Stadt Dortmund, Ewald Görshop, und einem Unternehmensberater aus Amiens der Gedanke auf, durch enge Kontakte zu verhindern, dass Krieg jemals wieder so viel Leid und Zerstörung über die beiden Städte bringen könnte. 1960 wurde die Städtepartnerschaft besiegelt. Schulen in Dortmund und Amiens schlossen sich zum Austausch zusammen, Delegationen besuchten einander. Den nachfolgenden kommunistischen Stadtherren von Amiens war Dortmund aber zu westdeutsch liberal und marktwirtschaftlich. Der KPF-Stadtrat war aufgebracht, dass die Schwesterpartei Kommunistische Partei Deutschlands (KPD) seit 1956 in der Bundesrepublik verboten war. Sie schlossen 1971 eine Städtepartnerschaft mit Görlitz und zogen den Austausch mit dem DDR-Regime vor. So wurde Amiens zum Schauplatz einer sehr französischen Debatte über »das bessere Deutschland«.

Als Macron von seiner Alma Mater, der Jesuitenschule »La Providence«, zum Schüleraustausch nach Dortmund entsendet wurde, war die Berliner Mauer bereits gefallen. »Ich habe seit der Mittelstufe Deutsch gelernt, und als ich das erste Mal an dem Austausch teilnahm, erinnerte mich Dortmund an meine Heimatstadt. Es gibt ein Alter, in dem man Städte mag, die ein wenig trist sind. Es lebt sich sehr gut in dieser Umgebung der Tristesse, wenn man damit groß geworden ist. Ich will meine Kindheit jetzt nicht auf künstliche Weise ausschmücken, aber ich habe den leicht tristen Charme von Amiens wirklich geschätzt«, erinnert sich Macron. »Von Dortmund habe ich graue Straßenzüge in Erinnerung, einen großen Platz. Ich war bei einer Familie untergebracht, die am Stadtrand wohnte«, erzählt er. »Aber ich erinnere mich vor allem an alltägliche Freuden, kleine Dinge, die von den Erwachsenen, die diesen Austausch organisierten, nicht geplant worden waren. Ich werde zum Beispiel das deutsche Abendbrot nie vergessen, diese Tradition, am Abend kein warmes Gericht zu servieren, sondern Brot und Aufschnitt. Und dann diese üppigen Frühstücke!«, sagt er und lacht laut auf.

Seine Beziehung zu Deutschland entwickelte sich aber stärker als über das persönliche Erleben über die deutsche Kultur. »Deutschland habe ich mir zuallererst über die Literatur erschlossen.« Macron spricht von den Kriegsschriftstellern, deren Werke er verschlang, es seien vor allem französische Autoren wie René Char oder Paul Éluard gewesen. Chars lyrische Notizen aus dem Untergrund während des Zweiten Weltkrieges, die »Feuillets d'Hypnos«, die Paul Célan ins Deutsche übertragen hat, sind bis heute eines von Macrons Lieblingswerken. Char lebte im unbesetzten Teil Frankreichs, in der Provence, und schloss sich der Résistance an, wo er als »Kapitän Alexandre« eine Partisanengruppe leitete. Bei der entscheidenden Kundgebung während des Präsidentschaftswahlkampfes Anfang Februar 2017 in Lyon, als in der früheren Kapitale der Gallier das Duell mit Marine Le Pen schon vorweggenommen wurde, zitierte Macron René Char: »Ich erinnere mich an eines der Fragmente des Hypnos. René Char war im Maquis eines kleinen Dorfes untergetaucht, als die deutschen Soldaten heranstürmten. Er flüchtete in ein verlassenes Haus und sah die Menge der Dorfbewohner. Sie wussten alle, dass er sich versteckt hatte. Sie trieben nach und nach die deutschen Soldaten von ihm fort. Hunderte von Dorfbewohnern, die er nicht kennt, aber ihm das Leben retten. Am Ende schiebt er den Vorhang zur Seite und sagt: Ich enthüllte mich. (…) An diesem Tag habe ich meinesgleichen grenzenlos geliebt«, sagte Macron. Dann rief er in die Menge: »Auch ich liebe Sie heute grenzenlos.«

Erst später las er deutsche Autoren, Günter Grass, aber auch Rilke, Goethe, Süskind. »Mein erster Kontakt zu Deutschland entstand zweifelsohne über die deutsche Literatur«, sagt der Präsident. Auch über die Musik habe er sich Deutschland genähert, er nennt Komponisten wie Beethoven, Bach und Mozart, deren Werke er auf dem Klavier spielte.

Der Germanist Sylvain Fort, einer der engsten Berater Macrons, der im Élysée-Palast die Abteilung »Reden und Gedenken« leitet, spricht von einer Faszination des Präsidenten für die deutsche Hochkultur. Diese begründe seine Affinität zu dem Nachbarland, sagt Fort. Bei ihm sei es ganz genauso. Der 1972 geborene Redenschreiber promovierte über den französischen Kultureinfluss in Friedrich Schillers Jugenddramen. Er übersetzte »Don Carlos«, »Kabale und Liebe«, »Die Räuber« und »Wilhelm Tell« neu ins Französische. Fort schrieb auch eine »Imaginäre Biografie« über den Dirigenten Herbert von Karajan und übersetzte Briefe des Schriftstellers Hermann Broch, eines engen

Vertrauten der Philosophin Hannah Arendt, ins Französische. Für den Verlag Actes Sud der französischen Kulturministerin Françoise Nyssen gab er Essays des Dirigenten Nikolaus Harnoncourt und einen Briefwechsel zwischen dem Komponisten Alban Berg und seiner Geliebten Hanna Fuchs heraus. Als Musikkritiker und Opernfan verfasst Fort zudem Beiträge für das *Forum Opéra*. Dieser sehr intellektuelle Blick auf Deutschland und den deutschsprachigen Kulturraum verbindet ihn mit dem Präsidenten.

»Manchmal hat Macron in seiner Kulturfixiertheit ein geradezu idealisiertes Bild von unserem Land«, sagt Henrik Enderlein, der Dean der Hertie School of Governance in Berlin, der seit 2012 einen engen freundschaftlichen Kontakt zu Macron unterhält. Eine große Neugierde in Bezug auf Deutschland zeichne den Franzosen aus. Macron habe frühzeitig erkannt, wie wichtig das deutsch-französische Verhältnis für Europa sei. Enderlein schildert, wie Macron ihn kurz vor der Sommerpause 2014 anrief und sagte, er wolle nach Berlin kommen und als Fellow an der Hertie School unterrichten. So könne er seine deutschen Sprachkenntnisse verbessern. Es reize ihn auch, den Alltag in der deutschen Hauptstadt zu erleben. Kurz: Er habe verstehen wollen, wie Deutschland wirklich »tickt«.

Enderlein schaffte es, kurzfristig über die Mercator-Stiftung ein Fellowship für Macron zu vereinbaren. Im Jacques-Delors-Institut in Berlin, das der Professor ebenfalls leitet, ließ er schon ein Büro für den scheidenden Präsidentenberater frei räumen. Zum Semesterstart im September 2014 sollte Macron in Berlin eintreffen. Doch dann trennte sich Präsident François Hollande Ende August 2014 überraschend von seinem Wirtschaftsminister Arnaud Montebourg und ernannte – auch das war eine Überraschung – Emmanuel Macron zum Nachfolger. »Du hast gerade einen Fellow verloren«, lautete die E-Mail-Nachricht, die Enderlein am Tag der Regierungsumbildung von seinem französischen Freund, dem Ökonomen Jean Pisani-Ferry erhielt. Aus Macrons Jahr in Berlin wurde nichts, es blieb bei seinem verkopften Zugang zu Deutschland.

Als Wirtschaftsminister versuchte er, seinen deutschen Bekanntenkreis zu erweitern. Zu seinen regelmäßigen Gesprächspartnern zählte da schon Jörg Asmussen, der frühere Staatssekretär im Finanzministerium, der heute für die französische Investmentbank Lazard arbeitet. Asmussen lernte Macron im Frühsommer 2012 kennen. Er war damals Mitglied im Direktorium der Europäischen Zentralbank (EZB) und suchte deshalb den Kontakt zum Wirtschaftsberater des Präsidenten, der ihn regelmäßig in seinem Mansardenzimmer in der letzten Etage des Élysée-Palastes empfing. Asmussen gehört der SPD an und tauschte sich oftmals mit Macron darüber aus, dass nachhaltiges Haushalten, die »schwarze Null« und die Angst vor Überschuldung keine Marotten von CDU/CSU seien. Mindestens 80 Prozent der SPD-Wähler unterstützen die Grundidee des europäischen Fiskalpaktes, versicherte Asmussen ihm. Die Stabilitätskultur sei keine Frage der Parteizugehörigkeit in Deutschland.

Macron ging ein Wagnis ein, als er sich den Wahlkampfforderungen des Kandidaten François Hollande anschloss. Der Sozialist gab während der Kampagne 2012 vor, den von seinem Vorgänger Nicolas Sarkozy Ende 2011 vereinbarten europäischen Fiskalpakt neu aushandeln zu können. Er verhieß den Wählern, Europa »neu zu orientieren«. Macron verschrieb sich diesem Programm. »Ich hatte damals das Gefühl, dass alles erlaubt sei und dass wir die Dinge neu verhandeln könnten«, sagt Macron rückblickend. An die Neuausrichtung Europas glaube er heute mehr denn je. Dass Hollande mit seinem europäischen Programm scheiterte, habe an seinem verzagten Reformkurs gelegen. »Wir haben nicht vermocht, Reformen in Frankreich zu vollbringen, um die europäische Politik der Investitionen zu verändern«, sagt Macron. Er bedauere das sehr. »Dieser Mix war letztendlich viel zu orthodox und hat zu enormen Fehlern verleitet. Europa hat auf diese Weise drei bis vier Jahre verloren. Damit haben wir den Populismus befördert.« Für ihn seien die Reformen in Frankreich und die Vertiefung der Euro-Zone eng miteinander verbunden. »Wenn man keine Reformen vollbringt, verliert man seine Glaubwürdigkeit und kann nicht für ein Euro-Zonen-Budget werben«, sagt Macron. Inzwischen sei die Lage anders. Dass Frankreich einen Reformkurs eingeschlagen habe und auf einem guten Weg sei, sei auch ein Signal an Deutschland, das nach wie vor Vorbehalte angesichts einer vertieften Euro-Zone hege. Auf die Überalterung der deutschen Gesellschaft führt er die geringe Risikobereitschaft jedoch nicht zurück. Die demografische Entwicklung sei keine ausreichende Erklärung für die deutschen Vorbehalte angesichts einer vertieften Euro-Zone. »Für mich entspringen das Verhältnis der Deutschen zum Geld und zum Ersparten und die damit verknüpften Ängste auch den Familienstrukturen und der Gesellschaftsorganisation. Deutschland war nach 1923 demografisch ganz anders aufgestellt als heute, und trotzdem gab es schon diese Angst vor der Geldentwertung. Es gibt historische Traumata, die jedem Volk eigen sind«, sagt Macron. »Aber der Überalterungsprozess der deutschen Gesellschaft befördert natürlich diesen Reflex«, räumt er ein. »Ich glaube, dass es einen Nationalcharakter gibt.

Für mich hat sich im deutschen Volk ein romantischer Teil bewahrt, ein Sehnen nach Zukunft und nach einem universellen Projekt. Das eint uns wirklich. Die beste Art und Weise, die Angst zu überwinden, ist meines Erachtens der europäische Traum. Wenn ich benennen müsste, was unsere beiden Länder tief im Wesen vereint, dann ist es der Freiheitsdrang und ein universeller Anspruch in der Kunst wie in der Philosophie. Es ist ja kein Zufall, dass die großen Philosophen und Schriftsteller aus unseren Landstrichen stammen!«, betont der Präsident und fügt hinzu: »Deutschland kann sich nicht mit dem Zukunftsentwurf einer kleinen Insel begnügen.«

Der frühere Europaberater im Bundeskanzleramt, Nikolaus Meyer-Landrut, erinnert sich daran, dass Macron schon 2012 aufrichtig daran interessiert war, die deutsche Ratio zu verstehen. Damals gehörte die Forderung nach Eurobonds zum Programm Hollandes. Auf Französisch diskutierten Meyer-Landrut und Macron ausgiebig, warum aus deutscher Sicht Eurobonds inakzeptabel seien. Das Treffen damals sei eine gute Grundlage für einen ehrlichen Umgang miteinander gewesen, so der heutige deutsche Botschafter in Paris.

Der deutsche Blick auf den französischen Präsidentenwahlkampf 2012 war von wachsender Ernüchterung geprägt. In Berlin regierte damals eine schwarz-gelbe Koalition. Die Sehnsucht nach einem Machtwechsel zugunsten des langjährigen sozialistischen Parteivorsitzenden in Paris war gering. Bei Ségolène Royal, Hollandes ehemaliger Lebensgefährtin und Mutter seiner vier Kinder, war das fünf Jahre zuvor anders gewesen. Die französische Präsidentschaftskandidatin wurde von der Bundeskanzlerin in Berlin empfangen, und ein Teil der deutschen Presse begann von einem mächtigen westlichen Frauen-Trio aus Angela

Merkel, Ségolène Royal und Hillary Clinton zu träumen. Hollande hingegen weckte kaum Interesse. Er war der graue, biedere Ersatzmann für den weltläufigen Dominique Strauss-Kahn, der nach seiner verstörenden Sex-Affäre mit einem Zimmermädchen in New York alle Präsidentschaftsambitionen begraben konnte. Der Sozialist Hollande galt als langweilig, bis er die internationalen Finanzmärkte in einer großen Rede als »Feind« anprangerte. Sein wahrer, einziger Gegner, sagte er, habe kein Gesicht und keinen Namen und keine Partei, das seien die Finanzmärkte. Das war mitten in der Finanzkrise verwegen und führte umgehend dazu, dass die Bundeskanzlerin mit den italienischen, spanischen und britischen Regierungschefs verabredete, Hollande bis zum ersten Wahlgang am 22. April 2012 nicht zu empfangen. Eine derartige Quarantäne hatte es nie zuvor gegeben.

Hollande gestand ein, dass er vor seinem Einzug in den Élysée-Palast die Bundeskanzlerin nur aus dem Fernsehen kannte. Die mächtigste Frau Europas setzte sich im Wahlkampf offen für Hollandes Rivalen Nicolas Sarkozy ein. Sie bot an, an Wahlkundgebungen zugunsten Sarkozys teilzunehmen, ein Angebot, das der Franzose letztendlich ausschlug. Meyer-Landrut sagt, dass Hollande während seiner ganzen Amtszeit das parteipolitische Lagerdenken beibehielt. Er stimmte sich vor Gesprächen mit Merkel stets mit der SPD-Spitze ab. Vor EU-Gipfeln organisierte er Treffen der sozialistischen und sozialdemokratischen Regierungschefs. Macron hat das Verhältnis zu Deutschland von Anfang an unter den Vorzeichen dieser parteipolitischen Grenzziehung erlebt. Am Tag von Hollandes Antrittsbesuchs in Berlin am 15. Mai 2012 stand er neben dem Präsidenten, als die Kanzlerin Hollande fragte: »Herr Präsident, man sagt, Sie hätten sich mit der SPD ausgetauscht, bevor Sie zu mir gekommen sind. Ist das wahr?«

Der gesamte Antrittsbesuch stand nicht unter einem guten Stern. Als die kleine Delegation am Abend nach der offiziellen Amtseinführung von Paris nach Berlin aufbrach, regnete es heftig. Ein Gewitter entlud sich, der Falcon-Jet des Präsidenten wurde vom Blitz getroffen und musste aus Sicherheitsgründen umkehren. Als Hollande mit zwei Stunden Verspätung in Berlin eintraf, wurde es nicht besser. Hollande schritt unbeholfen neben Merkel über den roten Teppich und musste wiederholt von ihr am Arm gezogen werden, um das Protokoll nicht durcheinanderzubringen. Die Bilder liefen wie eine Slapstick-Nummer im französischen Fernsehen. Zum Abendessen ließ die Bundeskanzlerin Spargel an Sauce hollandaise servieren. Doch der Gast rührte die Speise nicht an. Was die Kanzlerin nicht ahnte: Hollande hasst seit Kindheitstagen Spargel und Artischocken. Als Hollande dann noch verlangte, deutschen Rotwein zu kosten, war die kulinarische Krise beinahe perfekt. Die Bundeskanzlerin hüstelte, sie empfehle den deutschen Weißwein, andernfalls gebe es einen guten französischen Rotwein.

Für den damals 34 Jahre alten Wirtschaftsberater Macron stellte der Antrittsbesuch in Berlin ein Lehrstück dar, wie man es als Präsident nicht machen sollte. Er hat nicht nur verstanden, dass das Spargelessen den Deutschen im Mai genauso heilig ist wie den Franzosen die berühmte Gänsestopfleberpastete foie gras zu Weihnachten. Die Erfahrung hat bei ihm die frühe Überzeugung geprägt, dass ein gutes Verhältnis zur Bundeskanzlerin unabdinglich ist.

Nicolas Sarkozy war diese Einsicht erst viel später gekommen. Deutschland tauchte auf seiner politischen Landkarte nur als

Heimat von Ordnungssinn und harten Betonungen (»Ach so!«) auf, worüber er im Wahlkampf gern spottete. Seine Wahlkampfchronistin, die Theaterautorin Yasmina Reza, ließ er folgenden Dialog aufzeichnen: »Du fühlst dich besser in Sevilla als in Oslo«, sagte Yasmina Reza zu Sarkozy. »Als in Berlin!«, korrigierte Sarkozy. »Berlin! Ich fühle mich terrorisiert in Berlin. Auch in Frankfurt.«

Sarkozy begann seine Amtszeit mit einem Kräftemessen mit der Kanzlerin. Auf einem EU-Finanzministertreffen in Brüssel, zu dem sich der Präsident selbst eingeladen hatte, warb Sarkozy für eine französische Sonderregelung bei den Defizitkriterien. Daraufhin griff ihn der deutsche Finanzminister Peer Steinbrück scharf an, er setze sich über den vereinbarten Sparplan hinweg. Sarkozy platzte der Kragen und er giftete zurück: »So spricht man nicht mit einem Präsidenten.« Der Präsident zeigte sich im Anschluss enttäuscht von der Bundeskanzlerin, die ihren Minister hinterher nicht zurechtgewiesen habe. Er hatte offensichtlich nicht durchschaut, dass Merkel ihren Finanzminister gebeten hatte, Sarkozys lasches Finanzgebaren zurückzuweisen.

Der 1955 geborene Sarkozy war vom Deutschenhass seines jüdischen Großvaters geprägt worden. »Wissen Sie, mein Großvater hat mich erzogen. Er hasste die Deutschen. Bei mir zu Hause nannte man die Deutschen nicht bei ihrem Namen. Ich bin so aufgewachsen. Als de Gaulle zu Adenauer gesagt hat, dass man verzeihen und in die Zukunft schauen muss, ist mein Großvater, der so viel Angst ausgestanden und so viel gelitten hat, den Staatsmännern gefolgt, die Frieden und nicht Rache vorgeschlagen haben«, erzählte Sarkozy einmal vor dem Europakonvent seiner Partei in Anwesenheit von Merkel. Es blieb bei Sarkozy immer etwas von diesem grundlegenden Misstrauen haften, auch wenn er in der Öffentlichkeit das »Paar Merkozy« anpries. Zum Ende seiner Amtszeit fiel er den Franzosen mit ständigen Hinweisen auf das »deutsche Modell« auf den Wecker. Wie Sarkozy nach seinem Abschied aus der Politik im Gespräch eingestand, tauscht er sich mit Merkel längst nicht mehr aus. Es zeigt sich, dass der vorgeblich freundschaftliche Kontakt nur von den jeweiligen Ämtern erzwungen war. Meyer-Landrut spricht denn auch von einer medialen Überbetonung der deutsch-französischen Übereinstimmung unter Sarkozy und einer Unterbetonung unter Hollande. Der Sozialist habe es immer gemieden, im Duo mit Merkel aufzutreten und in der Öffentlichkeit mit ihr wahrgenommen zu werden.

Die Geschichte der deutsch-französischen Beziehungen ist seit Kriegsende von sehr unterschiedlichen Persönlichkeiten geprägt worden. Konrad Adenauer und Charles de Gaulle brachten die Kriegserfahrung und ein gemeinsames katholisches Werteverständnis einander näher. Valéry Giscard d'Estaing erzählt noch heute gern von seiner ersten Begegnung mit Helmut Schmidt, den er Ende der 1960er-Jahre bei einem Empfang des Unternehmers Jean Monnet in Paris kennenlernte »in einer Wolke aus Zigarettenqualm«. Es war vor allem ein geteiltes Interesse an weltwirtschaftlichen Zusammenhängen, das die beiden weit über ihre Amtszeit hinaus freundschaftlich korrespondieren ließ. Ihre Verbundenheit war nicht gespielt, und Giscard legte stets viel Wert auf das Urteil Schmidts. Das zeigte sich eindrucksvoll bei der letzten Begegnung der beiden im Palais Beauharnais, der Residenz der deutschen Botschafter in Paris, Ende Mai 2013. François Mitterrand und Helmut Kohl verband das Kriegsschicksal ihrer Familien und ein historisch-kulturelles Interesse am jeweiligen Nachbarland. Wenn Kohl sagte, vor der französischen Flagge verneige er sich zweimal, bevor er sich vor der deutschen Flagge verbeuge, dann drückte das auch sein von der Scham über die Kriegsverbrechen geprägtes Selbstverständnis aus. Diese Haltung nahm in Deutschland mit Gerhard Schröder ein abruptes Ende. Der sozialdemokratische Kanzler wollte von »Scheckbuchdiplomatie« nichts mehr wissen, wie er die Europapolitik seines Vorgängers abfällig nannte, und stieß Jacques Chirac vor den Kopf, als er eine Einladung zum achtzigsten Jahrestag des Kriegsendes am 11. November 1998 unwirsch ausschlug. Nach dem Zerwürfnis beim EU-Gipfel in Nizza im Jahr 2000 rauften sich die beiden aber zusammen. Im Irakkrieg boten sie gemeinsam dem amerikanischen Präsidenten die Stirn. Doch das Nein zum europäischen Verfassungsvertrag in Frankreich im Mai 2005 markierte eine Zäsur. Seither fehlt ein großer Zukunftsentwurf für die deutsch-französische Zusammenarbeit.

Genau hier setzt Macron in seiner Suche nach einem engen Verhältnis zu Deutschland an. Für ihn ist der Euro eine Errungenschaft, hinter die es kein Zurück gibt. Aber es fehlt aus seiner Sicht an einem deutsch-französischen Austausch, der über das Management gerade akuter Krisen hinausreicht. Sein erster EU-Gipfel im Juni 2012 kam einem Offenbarungseid über die Missstände im deutsch-französischen Verhältnis gleich. Statt offen miteinander zu reden, spielten Angela Merkel und François Hollande damals aus dem Hinterhalt die anderen Partner gegeneinander aus. Hollande unterstützte die Forderungen des italienischen Ministerpräsidenten Mario Monti und des spanischen Ministerpräsidenten Mariano Rajoy, die vehement Hilfen für ihre Banken verlangten. Merkel gab schließlich nach, aber der Gipfel blieb ihr nicht in guter Erinnerung. Macron hat daraus die

Lehre gezogen, wie notwendig eine aufrichtige Abstimmung mit Berlin vor entscheidenden EU-Gipfeln ist.

Allerdings: »Ein Teil der Neuausrichtung Europas ist jedoch dank der Krise und dank der Forderungen Mario Montis und Mariano Rajoys beim EU-Gipfel im Juni 2012 erreicht worden. Den elektrischen Bogen haben andere gespannt«, erinnert er sich. »Niemand glaubte, dass Monti den Mut haben würde zu sagen: Wenn das so läuft, dann verlasse ich den Verhandlungstisch. Weil er es tat, konnten wir die Gelegenheit beim Schopf packen.« Als Glücksgriff bewertet er die Verhandlungsstrategie nicht. »Wenn wir von Anfang an tief greifende Reformen bei uns begonnen hätten, hätten wir mit einer ganz anderen Legitimität sagen können: Wir werden den Fiskalpakt ratifizieren, aber wir wollen ihn wirklich ergänzen. Aber das haben wir nicht gemacht«, sagt Macron.

Gänzlich enttäuschend sei die europäische Bilanz seines Vorgängers jedoch nicht. »Wir haben alle unsere Energien auf die Euro-Zone konzentriert und deshalb konnte die Bankenunion entstehen. Sie ist in meinen Augen eine der wichtigsten europäischen Errungenschaften der Amtszeit Präsident François Hollandes«, sagt er.

In der sozialistischen Regierungsfraktion in der Nationalversammlung hingegen stieß die Europapolitik Hollandes zusehends auf Unverständnis. Eine Gruppe von Abgeordneten lief Sturm gegen das Vorhaben Hollandes, den Fiskalpakt ohne Änderungen zu ratifizieren. Es war der Anfang der »Frondeure«, der Rebellen aus den eigenen Reihen, die maßgeblich zum Scheitern der Präsidentschaft Hollandes beitragen sollten. Der Präsident hatte auf dem EU-Gipfel ein Wachstumspaket zugesichert bekommen. Macron erkannte, dass ein Aufkündigen des Fiskalpaktes unabwägbare Marktreaktionen zur Folge gehabt hätte. »Die finanzielle Dimension verstand er sehr genau«, erinnert sich Meyer-Landrut. Im August verkündete der EZB-Chef Mario Draghi mit den drei einfachen Worten »whatever it takes« den unbegrenzten Willen, den Euro zu retten. Seine Worte reichten ohne konkrete Maßnahmen wie etwa Zinsänderungen aus, um eine Besorgnis erweckende Kursentwicklung auf einem unzählige Milliarden Euro umfassenden Markt umzukehren. Doch die Griechenlandkrise führte gleich im Herbst wieder zu ständigem Abstimmungsbedarf zwischen Paris und Berlin. Macron wurde von der Bereitschaft getragen, den Griechen entgegenzukommen, während die Bundesregierung unter dem Druck der öffentlichen Meinung jegliche Zugeständnisse ablehnte. Meyer-Landrut erinnert sich, dass Macron zu jedem Zeitpunkt über den Stand der deutschen Meinungsbildung zu Griechenland informiert war. Asmussen sieht eine große Konstante bei der Bewertung der Griechenland-Krise durch Macron. Er habe sich klar dem Ziel verschrieben, dass Griechenland in der Euro-Zone bleiben müsse, während dies in der Bundesregierung nicht immer so eindeutig gewesen sei. Macron habe das übergeordnete Ziel verfolgt, die Euro-Zone als Ganzes zusammenzuhalten. Beim Schuldenerlass für Griechenland war er jedoch nicht richtig aktiv und nahm es gern in Kauf, dass die Deutschen die Rolle des öffentlichen Buhmanns übernahmen, der den Griechen den Schuldenschnitt verweigerte.

Erst zum fünfzigsten Jahrestag der Unterzeichnung des deutsch-französischen Freundschaftsvertrages am 22. Januar 2013 gab es endlich keine akute Krise, und Macron und Meyer-Landrut trafen sich mit ihren Chefs in Berlin zu einem langen Abendessen. Beim deutsch-französischen Ministerrat wurde offiziell vereinbart, dass die beiden Länder bis Ende Mai 2013 Vorschläge zur Fortentwicklung ihrer Zusammenarbeit vorlegen sollten. Das war ein Arbeitsauftrag an die zwei Berater, die sich regelmäßig in Berlin und in Paris trafen und manchmal auch zusammen essen gingen, in Macrons Lieblings-Brasserie »La Rotonde« im Montparnasse-Viertel (in der er mit seinen Wahlkampfhelfern später den Erfolg im ersten Wahlgang feierte) und in Meyer-Landruts bevorzugtes Restaurant »Weyers« in Berlin-Wilmersdorf. Sie waren mit ihren Vorschlägen schon weit vorangekommen, als die französische Präsidentenpartei Parti Socialiste plötzlich querschoss. Am 26. April 2013 wurde ein sozialistischer Resolutionsentwurf in der Presse enthüllt, in dem die Sozialisten »die egoistische Unnachgiebigkeit der deutschen Bundeskanzlerin« beklagten. Präsident Hollande hatte Ende März selbst von »freundschaftlichen Spannungen« mit Deutschland gesprochen und schwieg zunächst zu dem Affront gegen seine Verhandlungspartnerin in Berlin. Allein der frühere Deutschlehrer, Premierminister Jean-Marc Ayrault, versuchte zu vermitteln, indem er die »Unentbehrlichkeit der deutsch-französischen Freundschaft« hervorhob. Erst mit einer Woche Verspätung distanzierte sich Hollande von dem sozialistischen Resolutionsentwurf.

Macron hatte sich zu diesem Zeitpunkt mit Meyer-Landrut bereits auf Vorschläge verständigt, die er für einen tragbaren deutsch-französischen Kompromiss hielt. Auf elf Seiten legten sie – in sehr bürokratischer Sprache – dar, wie ein einvernehmliches Geben und Nehmen aussehen könnte: mehr Stabilität und mehr Reformen, wie die Deutschen es wünschten, und zugleich mehr Investitionen und Wachstumsimpulse, wie die Franzosen es forderten. Die Euro-Zone sollte vertieft, parlamentarisch kontrolliert und mit einem Vollzeit-Vorsitzenden ausgestattet werden. Es findet sich in dem Papier, das Hollande und Merkel am 30. Mai 2013 in Paris vorstellten, sogar die Idee eines eigenen Haushalts für die Euro-Zone. Zudem schlugen die beiden vor, dass der Europäische Stabilitätsmechanismus (ESM) in der Bankenabwicklung »die Rolle einer zusätzlichen öffentlichen Letztsicherungsvorkehrung übernehmen (solle) – durch die Kreditvergabe an die Mitgliedsstaaten oder durch eine direkte Rekapitalisierung«. Es lohnt sich, die Absichtserklärung nachzulesen. Darin sind im Wesentlichen alle Vorschläge enthalten, die Macron bis heute mit Deutschland für möglich hält.

Doch Hollande hatte die kooperative Vorgehensweise nicht verinnerlicht. Der sozialistische Präsident hing einer in der französischen Staatselite tief verwurzelten Idee an, dass er Deutschland ohne weitreichende Gegenleistung dazu bringen könne, für Frankreich zu zahlen. In dem 2016 erschienenen Buch »Un président ne devrait pas parler comme ça« (»Ein Präsident sollte so nicht reden«) der französischen Journalisten Gérard Davet und Fabrice Lhomme rühmte sich Hollande, eigentlich gar nicht so schlecht mit Merkel verhandelt zu haben. Zwar habe er den Fiskalpakt nicht wieder aufschnüren können, aber »uns wurde gestattet, dass wir wesentlich höhere Defizite als alle anderen aufweisen konnten und keine Austeritätspolitik durchsetzen mussten«, prahlte Hollande.

Die deutsch-französische Wirtschaftsjournalistin Odile Benyahia-Kouider hat diese in Pariser Regierungskreisen weitverbreitete Mentalität in dem Vorwort zu ihrem 2013 veröffentlichten Buch »L'Allemagne paiera« (»Deutschland wird zahlen«) treffend zusammengefasst: »Nach drei bewaffneten Konflikten führen Frankreich und Deutschland keinen Krieg mehr.

Aber die Idee, dass der frühere Feind untilgbare Schulden gegenüber Frankreich und den anderen Ländern Europas habe, währt fort.«

Nach den Bundestagswahlen in Deutschland und noch während der Koalitionsverhandlungen über eine Große Koalition riefen Macron und Meyer-Landrut die Vorschläge aus dem Arbeitspapier in Erinnerung. Merkel sei damals bereit gewesen, über einen eigenen Haushalt für die Euro-Zone mit Hollande zu verhandeln, erinnert sich Meyer-Landrut. Vor der Kanzlerin und dem Präsidenten lagen vier gemeinsame Regierungsjahre. Doch als Merkel am 18. Dezember 2013 zu ihrem Antrittsbesuch in den Élysée-Palast reiste, war eine weitreichende deutsch-französische Initiative für die Euro-Zone bereits an der Ablehnung Hollandes gescheitert. Dem Präsidenten behagte es nicht, für die Vertiefung der Wirtschafts- und Währungsunion auch verpflichtende Reformziele erfüllen zu müssen. So hat es zumindest Meyer-Landrut in Erinnerung. Bei Merkels und Hollandes Treffen in Paris im Dezember 2013 blieb es deshalb bei einer kurzen gemeinsamen Willensbekundung zur Bankenunion. Das glich frühzeitig dem Eingeständnis, dass Frankreich und Deutschland in dieser Amtszeit nicht vorankommen würden. Hollande blieb der Vorstellung verhaftet, dass Deutschland sich ohne französische Konzessionen auf mehr Solidarität einlassen würde.

Das Zitat »Deutschland wird zahlen« geht auf den früheren französischen Finanzminister Louis-Lucien Klotz (1868–1930) und das Ende des Ersten Weltkrieges zurück. Der aus einer jüdischen Familie im Elsass stammende Klotz hatte lange das Département Somme, Macrons Heimat, in der Nationalversammlung als Abgeordneter vertreten. Klotz' Wahlkreis wurde Schauplatz einer der mörderischsten Schlachten des Ersten Weltkrieges. 1916 bekämpften sich hier entlang einer 45 Kilometer langen Front mehr als drei Millionen Soldaten aus zwanzig Ländern. Die Spuren des Krieges prägen bis heute die Landschaft im Département Somme. »Meine Heimat ist voller Soldatenfriedhöfe«, sagte Macron in der Fernsehdebatte vor dem ersten Präsidentenwahlgang. Und wenige Tage vor dem Wahltermin ergänzte er bei einer Kundgebung in Arras: »Ich kenne den Charme, die Traurigkeit und die Leiden dieses Landstriches zwischen Somme und Pas-de-Calais.« Anders als in Deutschland bleibt für die Franzosen der Erste Weltkrieg die prägende, die einschneidende Kriegserfahrung, »la grande guerre«, wobei groß weniger im Sinne von heldenhaft, denn von schrecklich gemeint ist. Das geburtenschwache Land mobilisierte alle Männer im kampffähigen Alter, mehr als 1,3 Millionen französische Soldaten starben im Kampf, »morts pour la France«. Während des Zweiten Weltkrieges fielen 200 000 französische Soldaten. Der Vergleich zeigt, warum das Gedenken an den Ersten Weltkrieg in Frankreich bis heute wichtiger als das an den Zweiten ist.

Die zwischen 1914 und 1918 entstandene Idee, dass Deutschland für die Zerstörung und das Leid finanzielle Reparationszahlungen leisten müsse, wurde von einer überwältigenden Mehrheit der Franzosen geteilt. Frankreich hatte sich bei den Vereinigten Staaten von Amerika hoch verschuldet, um den Krieg zu finanzieren. Finanzminister Klotz zerstreute die Sorge, dass Frankreich den Verbündeten um einen Schuldenerlass bitten müsse: »Deutschland wird zahlen.« Nur der spätere Präsident Vincent Auriol widersprach Klotz heftig: »Ich sehe vor uns den Abgrund des Defizits. Der Krieg ist zu Ende, aber die

Schlacht der Reparationszahlungen beginnt erst.« Auriol sollte recht behalten. Aber das berühmte Zitat setzte sich in den Köpfen der politischen Elite in Paris fest.

Klotz war der Finanzminister des »Vaters des Sieges«, Georges Clemenceau, der bis heute verehrt wird. Zu seiner Statue an den Champs-Élysées pilgern alle Staatspräsidenten zum Jahrestag des Kriegsendes am 11. November. Auch Emmanuel Macron hat dieses Ritual respektiert. Das Jahr 2018 soll dem Gedenken an Clemenceau gewidmet werden, mit Debatten und Hommage-Terminen. Macron hat sich in diesem Zusammenhang kritisch mit der Idee auseinandergesetzt, wonach Deutschland im doppelten Wortsinne auf immer schuldig bleibe und deshalb auch für die Schulden Griechenlands, Italiens und Frankreichs geradezustehen habe. Sylvain Fort gibt zu erkennen, dass er wiederholt mit dem Präsidenten über die Frage diskutiert hat. Sie seien zu dem Schluss gekommen, dass sie sich einer neuen Generation zugehörig fühlen, die in der Europapolitik nicht mehr um die deutsche Schuld kreist. Deutschland habe eine beachtliche Arbeit der Vergangenheitsbewältigung und zur Aufklärung seiner Kriegsverbrechen geleistet, und dies müsse zur Kenntnis genommen werden. Nicht um Vergessen gehe es, aber um Respekt vor der demokratischen Leistung, sich den eigenen Vergehen schonungslos zu stellen, meint Fort.

Macron hat sich dank seiner engen Beziehung zu seiner Großmutter mütterlicherseits viel und frühzeitig mit dem Zweiten Weltkrieg beschäftigt. »Mein Großvater mütterlicherseits hat den Zweiten Weltkrieg in Kriegsgefangenschaft verbracht, viereinhalb Jahre lang, wie das in vielen französischen Familien der Fall war. Meine Großmutter befand sich in der besetzten Zone während des Krieges, in der Stadt Nevers. Sie war noch nicht in der Picardie. Sie erzählte mir als Kind viele Geschichten vom Kriegsalltag in Frankreich, aber das waren keine politischen Berichte. Sie sprach über Begebenheiten des Alltags, ohne moralischen Anspruch. Sie selbst hatte keine Kriegs- oder Gewaltszenen erlebt. Bei meinen beiden Großvätern war das anders, sie lernten die Grausamkeiten des Krieges wirklich kennen. Das Leben meiner Großmutter war aus den Fugen geraten. Sie kam aus dem Pyrenäen-Vorland (Hautes-Pyrénées), das zur freien Zone gehörte, aber das am Ende des Krieges auch sehr gelitten hat, als Massaker gegen die Widerstandskämpfer begangen wurden«, schildert Macron. Seine Großmutter habe ihm dabei keinen Hass oder Misstrauen gegen »die Deutschen« vermittelt. »Das erste Buch über den Krieg, das meine Großmutter mir zum Lesen gab, war ›Das Schweigen des Meeres‹ von Vercors. Das Buch vermeidet Schwarz-Weiß-Malerei und enthält die Botschaft, dass die Zivilisation und die Kultur immer stärker sind als die Verfehlungen der Machthabenden und der ihnen unterworfenen Völker«, sagt der Präsident.

Fort kritisiert hingegen die aus seiner Sicht anachronistische Geschichtsinterpretation, wonach alles, was vor Hitler geschah, bereits auf die große Katastrophe des Dritten Reichs hinführte. Auch in Frankreich sei diese Denkschule sehr präsent gewesen, so wurde etwa Hölderlin durch die Brille Heideggers gelesen. Den polyglotten Gelehrten empört es, wie sehr Dichter wie Friedrich Schiller in der heutigen Forschung an deutschen Universitäten vernachlässigt würden, weil sie sich nicht in diese auf das Dritte Reich determinierte Herangehensweise einpassen ließen. Schiller war 1792 die französische Staatsbürgerschaft verliehen worden, auch weil er sich in seinem Drama »Die Räuber« mit dem Kampf gegen die Tyrannei auseinandergesetzt hatte. Fort bekundet, dass es Macrons Ziel sei, zu den Quellen deutsch-französischer Kultur zurückzukehren. »Wir sollten uns alle als Kinder von Goethe und Nerval verstehen«, verlangte der französische Präsident zur Eröffnung der Buchmesse in Frankfurt 2017.

Aufgrund der Fixierung auf den Zweiten Weltkrieg seien die deutsch-französischen Inspirationsquellen gerade in Deutschland oftmals vergessen worden. Deshalb habe Macron in seiner Rede zur Eröffnung der Buchmesse in Frankfurt am Main über Goethe und Nerval gesprochen, um die schöpferische Kraft des deutsch-französischen Austausches hervorzustellen. Der Präsident gab wieder, wie der achtzigjährige Goethe, seines »Faust« eigentlich schon überdrüssig, zu Eckermann gesagt habe, in der französischen Übersetzung des achtzehnjährigen Gérard de Nerval erscheine ihm das Stück ganz frisch. Macron pries auch Walter Benjamin, der wie kein anderer und auch wie kein Franzose Charles Baudelaires »Les Fleurs du Mal« gelesen und verstanden habe. Es war dem Präsidenten ernst, als er sich vor der kulturellen Leistung des Übersetzers verneigte. »Die Blumen des Bösen« zählen seit Langem zu Macrons bevorzugter literarischer Nahrung. Im Pyrenäen-Dorf Bagnères-de-Bigorre, aus dem seine geliebte Großmutter Manette stammte, verbrachte Baudelaire siebzehnjährig den Sommer. Über seinen Aufenthalt dort schrieb er 1838: »Das ist ein köstlicher Ort, der schönste im Landstrich.« Das war einer der Gründe, warum die Großmutter ihrem Enkel den Dichter nahebrachte. Im Familienhaus in Bagnères-de-Bigorre verbrachte der junge Emmanuel regelmäßig seine Sommerferien. Als Wirtschaftsminister zitierte er in der Nationalversammlung aus dem ersten Teil »Spleen und Ideal« von Baudelaires Gedichtband »Die Blumen des Bösen«, als er von der

Opposition im Februar 2015 als Büttel des Finanzministers angegriffen wurde. Es ging um die Privatisierung des französischen Rüstungsunternehmens Nexter, das mit dem deutschen Panzerbauer Krauss-Maffei-Wegmann fusionieren sollte. Der frühere Europaminister Pierre Lellouche von der rechtsbürgerlichen Opposition (Republikaner) hielt Macron vor, sich bei dem Fusionsgeschäft dem Willen des Finanzministers unterworfen zu haben. »Ich kann nicht angeklagt werden, Heautontimoroumenos zu sein«, warf der Wirtschaftsminister in die Debatte ein. Heautontimoroumenos lautet die Überschrift zu einem Gedicht Baudelaires und heißt auf Altgriechisch wörtlich der Selbstquäler. Nun könnte man einwenden, dass es lächerlich und vielleicht auch arrogant sei, wie sich der Wirtschaftsminister mit seiner Bildung in der Nationalversammlung brüstete. Aber hinter Macrons Erwiderung verbarg sich eine subtile Botschaft an die eigene Regierung, die gerade das Angebot zum Erlernen von Altgriechisch (und Latein) in der Mittelstufe abzuschaffen sich anschickte, weil die Altsprachen vorgeblich zu »elitär« seien. Dieser Pauschalvorwurf ging einher mit einer Infragestellung der verstärkten Fremdsprachenklassen zum Deutschlernen, welche die damalige sozialistische Bildungsministerin Najat Vallaud-Belkacem ebenfalls als Hort der Selbstreproduktion der bürgerlichen Elite attackiert hatte.

Ungefähr zur gleichen Zeit, im März 2015, schrieb Sylvain Fort einen offenen »Brief an einen Jugendlichen, der weder Griechisch noch Latein lernen wird«. Der Text, der in der Zeitschrift *Valeurs Actuelles* abgedruckt wurde, verdient auch in Deutschland Beachtung, weil er die Frage nach der selbst verschuldeten kulturellen Entfremdung in Europa aufwirft. Diese Frage spielt in der europäischen Vision Macrons eine übergeordnete Rolle, und darin unterscheidet er sich von so vielen, die sich mit dem Etikett »überzeugter Europäer« schmücken. »Jugendlicher, der du um die Jahrtausendwende geboren bist, du wirst noch ›Sprachen und Kulturen der Antike‹ entdecken dürfen, aber ohne die Dornen des rosa, rosam, rosae, weil es nur mehr darum geht, dir kleine kulturelle und etymologische Versatzstücke zu vermitteln. (...) Nichts wird dir mehr in der Originalverpackung angeboten, in griechischer und lateinischer Sprache. Du verfügst nicht mehr über das Recht, dir die Komplexität der Grammatik zu erschließen, die Subtilität der Syntax, die Nuancen eines Vokabulars, das von den antiken Sprachen zur höchsten Raffinesse getragen wurde«, schreibt Fort. Die neue Generation von Franzosen werde auf diese Weise der direkten Bindung zu Rabelais, der vom Latein durchdrungen war, zu Boileau, Racine, Corneille und La Bruyère beraubt, die alle um das antike Paradigma kreisten. Die Untertöne der Vordenker der Revolution von 1789 würden damit genauso wenig vernehmbar wie die Sensibilität von Rousseau, dem Leser Plutarchs. Ohne diese humanistische Bildung werde es unverständlich, warum Victor Hugo immerzu Tacitus und Juvenal heranzog, um sich über den kleinen Napoleon I. zu mokieren. »Du wirst dich grübelnd am Kopf kratzen, wenn Camus über Sisyphus spricht, Giraudoux über Elektra.« Seinen Brief schließt Fort mit einem Appell an die Jugendlichen, sich gegen jene »unverantwortlichen Verantwortungsträger« aufzulehnen, die das humanistische Erbe Frankreichs abwickelten. Mit Deutschland, der Heimstatt des humboldtschen Bildungsideals, als Verbündeten, so hoffen Macron und sein gelehrter Berater, müsse sich eine Rückbesinnung auf das europäische Kulturerbe vollbringen lassen.

In diesem Geist bekundet Macron in seiner Europarede an der Sorbonne: »Was Europa am stärksten zusammenhält, werden immer die Kultur und das Wissen sein. Denn dieses Europa, in dem jeder Europäer sein Schicksal im Profil eines griechischen Tempels oder im Lächeln der Mona Lisa erkennt, der durch die Werke von Musil und Proust in die Empfindungen ganz Europas hineinspüren konnte, dieses Europa der Cafés, von dem Steiner sprach, dieses Europa, von dem Suarès sagte, es sei ein Gesetz, eine Geisteshaltung, eine Gewohnheit, dieses Europa der Landschaften und Folkore, von dem Erasmus sagte, dass man jeden jungen Menschen dazu auffordern müsse den Kontinent zu durchstreifen, um andere Sprachen zu lernen, was dieses Europa zusammenhält, ist seine Kultur.«

Gerade den deutschen Beitrag zur europäischen Kultur wolle der französische Präsident wieder aufwerten, sagt Fort, deshalb habe er auch in seiner Grundsatzrede in Athen Hegel und Kant zitiert, ja sei er überhaupt im Wahlkampf schon an die Humboldt-Universität zu Berlin gezogen. Aber er wundere sich doch manchmal über die Zurückhaltung unter deutschen Politikern, die Schwäche der deutschen Kulturpolitik im Ausland, das fehlende Bewusstsein für die Pflege der deutschen Sprache. Ihm sei aufgefallen, dass Deutsche mit ihm lieber über die französischen Lumières sprächen als über die deutsche Aufklärung. Überhaupt finde er es sonderbar, dass die jüngere Generation der deutschen Elite überwiegend an Universitäten in den USA oder in Großbritannien ausgebildet wurde. Er habe das Gefühl, dass es den Deutschen an einem Narrativ mangele, einer Erzählung, an der alle über die Jahrhunderte hinweg mitschreiben. Das sei vermutlich der wahre Grund für die gewisse Konfusion über die deutsche Vision für Europa. Bekannt sei eigentlich vor allem, was Deutschland nicht wolle, die berühmten roten Linien. Aber welche Zukunft wolle Deutschland in und für Europa? Macron biete den Deutschen an, auszubrechen aus dem immer wieder auf den Krieg referierenden Selbstverständnis. Fort spricht sich dafür aus, von der Militärgeschichte wegzukommen und sich mehr dem geistigen Erbe zuzuwenden. »Victor Hugo ist wichtiger als Waterloo«, lautet sein Credo.

Das Gedenken an die Weltkriege soll nicht abgeschafft werden. Macron plant am 11. November 2018, zum 100. Jahrestag der Waffenstillstandsvereinbarung, die Staats- und Regierungschefs aller Kriegsparteien in Paris zu versammeln. Er begründet diese Initiative damit, dass Frankreich Hauptschauplatz des Kriegsgeschehens war. Entlang der früheren Schlachtfelder im Norden und Osten Frankreichs verläuft heute eine Demarkationslinie des wirtschaftlichen Niedergangs. Macron beabsichtigt, diese vom Wirtschaftswachstum abgehängten Gebiete zu besuchen, in denen die Ressentiments gegen das wirtschaftlich dominierende Deutschland besonders stark sind. Hier liegen die Wählerhochburgen Marine Le Pens. Es ist ein großes pädagogisches Unterfangen, das der junge Präsident begonnen hat: Er will aufzeigen, dass der Versailler Vertrag, der im Spiegelsaal am 28. Juni 1919 unterzeichnet wurde, keine Versöhnung gebracht hat. Am Hartmannsweilerkopf im Elsass, einem heftig umkämpften Nebenkriegsschauplatz, hat er mit dieser vorsichtigen Revision begonnen.

Versailles war bislang als Symbol für die moralische Überlegenheit Frankreichs hochgehalten worden. Am besten drückte dies der national gesinnte Historiker Jacques Bainville aus, der die Unterzeichnung des Versailler Vertrages als Zeitzeuge wie folgt beschrieb: »Am Mittag des 18. Januar 1871 krönte in demselben Spiegelsaal, in dem wir gestern waren, Wilhelm I. seinen Sieg mit der Proklamation zum deutschen Kaiser. (...) Deutschland ist in den Spiegelsaal zurückgekehrt. An demselben Ort, an dem beim ersten Mal die deutschen Prinzen und die Abgesandten der Armee den neuen Kaiser hochleben gelassen hatten, traten die beiden Gesandten des Deutschen Reiches, des Reiches ohne Gekrönten, vor das Weltgericht. Und anstelle der Hurra-Rufe hörten sie die scharfe und ernste Stimme, den willentlich höflichen und festen Tonfall, in dem Herr Clemenceau ihnen sagte: ›Was hier unterzeichnet werden wird, ist unwiderrufbar. Es muss vollständig und redlich ausgeführt werden.‹«

Macron rückte von dieser Sicht ab. An der Seite von Bundespräsident Frank-Walter Steinmeier mahnte er am 10. November 2017 an, zwischen Waffenstillstand und Versöhnung zu unterscheiden. »Die Waffenstillstandsvereinbarung von 1918 hat den Krieg nicht beendet. Der Krieg hat sich (…) auf andere Weise fortgesetzt, insbesondere über die Verträge, die unterzeichnet wurden und mit denen Salz auf die offenen Wunden gestreut wurde«, sagte Macron. Europa habe sich auf einen Friedensschluss ohne Versöhnung eingelassen. Er widerlegte damit das Denken seit Finanzminister Klotz, dass der Versailler Vertrag Deutschland zu »gerechten« Reparationszahlungen verpflichtet habe. Damit will Macron auch die Idee bekämpfen, letztendlich müsse Frankreich bis heute anstreben, an deutsche Geldtöpfe zu gelangen.

Diese Vorstellung überwiegt in der linken Partei des »Unbeugsamen Frankreich« (»La France insoumise«), die von Jean-Luc Mélenchon geführt wird. Mélenchon, ein abtrünniger Sozialist, hat in seinem Buch »Le Hareng de Bismarck« (»Bismarcks Hering«) ausführlich dargelegt, wieso Frankreich von Deutschland bis heute Wiedergutmachung einfordern darf und muss. Mit dieser Überzeugung steht Mélenchon keineswegs isoliert da.

Auf der Linken bestimmt dieses Denken unterschwellig noch immer die Erwartungen an Deutschland und den europäischen Einigungsprozess. Mélenchon erläuterte in dem 2015 veröffentlichten Pamphlet, wie sich der schwache Präsident Hollande aus seiner Sicht von der Bundeskanzlerin manipulieren ließ. Selbst das Gastgeschenk Merkels für Hollande bei dessen erstem Besuch in ihrem Wahlkreis an der Ostsee am 9. Mai 2014 interpretierte Mélenchon zu einer historischen Revanche der Deutschen um. Die Bundeskanzlerin schenkte Hollande damals ein Fass Bismarck-Heringe. Der linke Volkstribun Mélenchon empörte sich: ein Geschenk, das den Namen des »Aggressors Frankreichs« trägt! Bismarck habe den Kaiser des Deutschen Reiches im Spiegelsaal von Versailles krönen lassen, eine historische Demütigung, die auch die Unterzeichnung des Versailler Vertrages in ebendiesem Spiegelsaal nicht aufwiegen könne. Mélenchon entrüstete sich, Merkel habe zudem eingewilligt, dass der Sassnitzer Shanty-Chor zur Begrüßung des französischen Präsidenten das Pommernlied anstimmte. Das 1851 entstandene Lied wird von Vertriebenenverbänden sehr geschätzt. In der dritten Strophe heißt es: »Aus der Ferne wendet sich zu dir mein Sinn, aus der Ferne sendet trauten Gruß er hin; traget, laue Winde, meinen Gruß und Sang, wehet leis und linde treuer Liebe Klang!«

Mélenchon fand es empörend, dass Hollande an einem 9. Mai, das heißt einen Tag nach dem Gedenken an die totale Kapitulation Deutschlands im Zweiten Weltkrieg, diesem Pommernlied lauschen musste. Hinterpommern liege hinter der Oder-Neiße-Grenze, deren Anerkennung der französische Präsident François Mitterrand nach schweren Verwerfungen mit Bundeskanzler Helmut Kohl als Bedingung für die Wiedervereinigung durchgesetzt habe, merkte er an. Es sei eine Unverschämtheit, Hollande den nostalgischen Gesang auf Großpommern zuzumuten.

Mélenchon erboste es auch, dass die Kanzlerin für die gemeinsame Schiffstour mit dem Präsidenten vor Rügen ein Schiff mit den Namen »Nordwind« ausgewählt hatte. Das Unternehmen Nordwind war im Zweiten Weltkrieg vom 31. Dezember 1944 bis zum 25. Januar 1945 im Elsass und in Lothringen die letzte Offensive der Wehrmacht an der Westfront, erinnerte der geschichtsbewusste Politiker. Er witterte hinter dem Schiffsnamen einen Willen der Bundeskanzlerin, den Gast aus Frankreich zu demütigen. Mélenchon hielt den französischen Politikern vor, sich Deutschland nachträglich unterworfen zu haben. »Europa geht es schlecht, die Finanzwelt herrscht überall, plündert, tötet und verschmutzt, weil Deutschland auf diese Weise auf seine Kosten kommt und nicht anders leben will. Deutschland betreibt eine ständige Flucht nach vorn, um immer billigere Arbeitskräfte anzuwerben. Wer könnte sonst die Renten seiner alternden und schrumpfenden Bevölkerung finanzieren?«, schrieb Mélenchon in seinem Pamphlet. Seine Forderung, die von Deutschland dominierte EU zu einem Umdenken zu zwingen und im Falle eines Scheiterns der Verhandlungen die EU zu verlassen, sprach 19,3 Prozent der französischen Wähler an. So viele Stimmen erhielt Mélenchon am 23. April 2017 bei der ersten Runde der Präsidentschaftswahlen.

Das Aufbäumen gegen die vermeintliche deutsche Übermacht bestimmte auch den Wahlkampf der Rechtspopulistin Marine Le Pen. Für das Verständnis von Macrons ungewöhnlichem Deutschlandbild ist das latente Misstrauen gegen die Deutschen auf der Linken wie auf der Rechten wichtig. Bei ihren Kundgebungen im Wahlkampf beschwerte sich Marine Le Pen wiederholt, dass Frankreich aufgrund seiner europäischen Einbettung seine Entscheidungsautonomie eingebüßt habe. »Das Einzige, was uns bleibt, ist, uns Madame Merkel zu unterwerfen und auf Knien die Instruktionen in Empfang zu nehmen, die sie uns gibt«, sagte sie. Die »seriösen« Präsidentschaftskandidaten Emmanuel Macron und François Fillon hätten sich gefügt. »Was machen sie zuerst? Sie besuchen Madame Merkel«, kritisierte Le Pen. Fillon war am 23. Januar 2017 von Merkel im Bundeskanzleramt empfangen worden, Macron am 16. März 2017. In einer Fernsehdebatte am 20. März bekundete Le Pen, im Gegensatz zu Macron bewerbe sie sich nicht um den Posten der »Vizekanzlerin« bei Frau Merkel. Und im Fernsehduell mit Macron am 3. Mai 2017 sagte die Rechtspopulistin: »Frankreich wird auf jeden Fall von einer Frau geführt werden: entweder von mir oder von Frau Merkel. Das ist Tatsache.« Bei einer Konferenz Ende Februar hatte Le Pen bereits die Europavision Merkels scharf abgelehnt. »Sie zwingt uns wie unter Louis XV. zu einem Bündniswechsel«, behauptete sie. Le Pen spielte damit auf den Siebenjährigen Krieg (1756–1763) an, als Preußen und Großbritannien/Kurhannover auf der einen und Frankreich, die kaiserlich österreichische Habsburgermonarchie sowie Russland auf der anderen Seite einander bekämpften. Le Pen betonte, dass es notwendig sei, Deutschland Verhandlungen über die EU aufzuzwingen, oder andernfalls Frankreich mit anderen »freien Staaten« das Machtverhältnis in Europa neu organisieren müsse. Le Pen begrüßte den Brexit als Entscheidung eines »freien Volkes«. Das wirtschaftliche Diktat Deutschlands habe zu Massenarbeitslosigkeit in Frankreich geführt, es gelte nun, sich von den Wünschen der Bundesregierung zu befreien.

Macron hingegen knüpfte im Wahlkampf an eine von ihm als Wirtschaftsminister herangebildete Überzeugung im Verhältnis zu Deutschland an. Er plädierte für eine Partnerschaft auf Augenhöhe, für ein wechselseitiges Entgegenkommen zugunsten Europas. Dies setze allerdings voraus, dass Frankreich den Vertrauensverlust in Berlin durch beherzte Reformen wettmache. Gleich nach seinem Amtsantritt im Wirtschaftsministerium Anfang September 2014 hatte Macron sich mit seinem deutschen Counterpart Sigmar Gabriel darauf verständigt, gemeinsame Reformvorschläge zu erarbeiten. Die Ökonomen Henrik Enderlein und Jean Pisani-Ferry wurden gebeten, einen Fahrplan für deutsch-französische Veränderungen zusammenzustellen. Macron verbat sich dabei jede Schonung. Er klagte, es seien in seinem Land bislang nur »Scheinreformen« beschlossen worden. »Die aktuelle Lage birgt das Risiko eines verlorenen Jahrzehnts in Europa mit niedrigem Wirtschaftswachstum, hohen Schulden und Arbeitslosigkeit«, heißt es im Arbeitsauftrag an die beiden Forscher. »Als die beiden größten Volkswirtschaften in Europa tragen Frankreich und Deutschland eine besondere Verantwortung, um starkes und nachhaltiges Wirtschaftswachstum sicherzustellen.«

Auf dreißig Seiten legten Enderlein und Pisani-Ferry dar, dass in beiden Ländern der Reformbedarf groß sei. Deutschland müsse mehr investieren, Frauen besser in den Arbeitsmarkt integrieren und junge Menschen früher in ein Beschäftigungsverhältnis bringen. Frankreich wiederum solle seinen Arbeitsmarkt flexibilisieren, Lohnsteigerungen insbesondere beim Mindestlohn dämpfen und seine Staatsausgaben durch eine Verschlankung des öffentlichen Dienstes senken. Macron und Gabriel zollten den Vorschlägen Anerkennung, aber der Gast aus Deutschland argwöhnte sofort, dass der Bericht »wie viele andere Gutachten zuvor nur unsere Bibliotheken anreichern« werden. Genau dies sollte passieren.

Macron konnte sich in der Regierung unter Premierminister Manuel Valls mit seinem Wunsch nach einer weitreichenden Flexibilisierung des Arbeitsmarktes nicht durchsetzen. Den Vorschlag der Ökonomen, in Frankreich die jährlichen Steigerungen des staatlichen Mindestlohnes zu begrenzen, indem bei den regelmäßigen Berechnungen nur noch die Inflation und nicht mehr die allgemeinen Lohnsteigerungen berücksichtigt werden, lehnte Macron selbst als politisch zu explosiv ab. Eine Idee aus dem Bericht verfolgte er aber. Er glaubte, einen Handel mit Deutschland abschließen zu können: Investitionen in Berlin gegen Sparen in Paris. In einem Gespräch in der *Frankfurter Allgemeinen Zeitung* im Oktober 2014 forderte Macron, sich auf eine einfache Formel zu verständigen. Frankreich müsse binnen drei Jahren 50 Milliarden Euro sparen, Deutschland solle im Gegenzug seine Staatsausgaben um 50 Milliarden Euro erhöhen. »50 Milliarden Euro Einsparungen bei uns und 50 Milliarden zusätzliche Investitionen bei Ihnen – das wäre ein gutes Gleichgewicht«, sagte Wirtschaftsminister Macron. Staatliche und private Investitionen lägen in der Europäischen Union heute 18 Prozent unter dem Niveau vor der Finanzkrise. »Europa ist mit einem Nachfrageproblem konfrontiert«, so Macron und warnte vor einer »übertriebenen Sparpolitik«. »Es ist unser kollektives Interesse, dass Deutschland investiert«, betonte er.

Der Vorstoß wurde vom damaligen Finanzminister Wolfgang Schäuble als Affront empfunden, erfolgte er doch einen Tag vor einem deutsch-französischen Ministertreffen in Paris. Macron ruderte umgehend zurück: »Ich habe nichts gefordert oder verlangt.« Wirtschaftsminister Gabriel versuchte dem Franzosen zu helfen. Deutschland habe bei den Investitionen einen Anteil von 17 Prozent an der Wirtschaftsleistung, Ziel der Industrieländerorganisation OECD seien aber 20 Prozent. Die Lücke von drei Prozent entspreche in etwa den 50 Milliarden Euro an Investitionen, die die französische Seite angesprochen habe, sagte Gabriel. Höhere Staatsausgaben allein seien aber wenig sinnvoll. Deutschland fehle es vor allem an privaten Investitionen. Statt Strohfeuerprogramme aufzulegen, plane die Bundesregierung private Investitionen in Unternehmen, besonders im Bereich Forschung, zu stärken.

Doch es half nichts, der Streit war entfacht. In den französischen Medien wurde er als Sturm auf die deutschen Geldtöpfe interpretiert. Die Sache sei ganz einfach, sagte ein Moderator des französischen Wirtschaftsradiosenders BFM Business: Frankreich trachte danach, Deutschland 50 Milliarden Euro »zu entwenden«. Ob es dem jungen Macron gelingen werde, »Deutschland, den Jackpot Europas« zu knacken, wurde in den sozialen Netzwerken gefragt. Für Macron war die Erfahrung lehrreich. Er hat begriffen, dass er allein mit der Unterstützung der SPD nichts erreichen kann. Seither hat er sich offensiv um die Gunst Schäubles bemüht.

Ein knappes Jahr später legten Macron und Gabriel ein deutsch-französisches Strategiepapier vor, in dem sie ehrgeizige Pläne für eine vertiefte Euro-Zone entwarfen. Sie sprachen sich für ein eigenes Budget aus und eine eigene parlamentarische Kontrolle. Damit würden die neunzehn Euro-Staaten zu Europas härtestem Kern werden. Gabriel und Macron skizzierten in dem Papier einen neuen, abgestuften Konvergenzprozess zur Harmonisierung von Fiskal-, Budget- und Sozialpolitik in der Euro-

Zone. Steuerwettbewerb und Sozialdumping sollten ein Ende haben und die Währungsgemeinschaft stufenweise mit einem eigenen Budget ausgestattet werden. Macron trug der deutschen Vorsicht damals bereits Rechnung. In einem ersten Schritt sollte der Euro-Haushalt nur helfen, auf Schwankungen der Konjunktur zu reagieren. Erst in einer zweiten Etappe sollte der Haushalt durch Steuern gespeist werden – beispielsweise durch eine Finanztransaktionsteuer oder einem Anteil an einer harmonisierten Körperschaftssteuer. Das neue »Herzstück einer vertieften EU« solle demokratisch von einer Euro-Kammer kontrolliert werden, der EU-Abgeordnete der neunzehn Mitgliedsländer angehören sollten. Schäuble wurde eng in die Überlegungen mit einbezogen. Macron hatte aus seinem Fehler gelernt. Kurz nach der Wahl Macrons zum Präsidenten Mitte Mai 2017 sagte Schäuble vor CDU-Anhängern in Berlin, das Strategiepapier sei eigentlich von ihm gewesen. Der *Focus* zitierte Schäuble mit den Worten, er kenne Macron ja gut. »Wir haben ein gemeinsames Papier gemacht«, sagte Schäuble. Auch wenn die Namen Gabriel und Macron darüberstanden: »Geschrieben war's von mir«, erklärte der damalige Finanzminister.

Aber wie weit geht die freundschaftliche Verbundenheit zwischen Schäuble und Macron? Dem Präsidentschaftskandidaten gefiel es, dass der in Frankreich als »Sparminister« berüchtigte Schäuble ihm kurz vor der Wahl seinen Segen erteilte. Schäuble sprach sich unmissverständlich dafür aus, dass er, wäre er Franzose, Macron seine Stimme geben würde. Als dann noch Angela Merkel im April sagte, sie sei sich sicher, dass Macron ein starker Präsident werde, wurde es ihm zu viel. Er wusste, wie sehr er von den Anhängern Le Pens und Mélenchons als mutmaßlicher Vassall Deutschlands kritisch beäugt wurde. Das war schon der Grund gewesen, warum Sarkozy seinerzeit auf eine Präsenz Merkels in seinem Wahlkampf dankend verzichtet hatte. In einem Gespräch mit den Zeitungen der Funke-Gruppe kritisierte Macron daraufhin scharf »die deutsche Exportübermacht«, die langfristig »nicht tragbar« sei. Kurz vor dem zweiten Wahlgang betonte er, dass er Veränderung in Europa erwarte, denn ansonsten werde in fünf Jahren der Front National gewinnen. Die deutsch-französische Balance müsse neu austariert werden.

Damit war nicht nur die Distanz zur Bundesregierung wiederhergestellt. Macron griff mit dieser Äußerung auch einen Vorwurf auf, der ihm besonders von der Linken entgegengeschmettert wurde – und wird: Seine liberale Reformpolitik sei der Wegbereiter für einen Wahlsieg Le Pens im Jahr 2022. Das ist auch die These von Didier Eribon. Der in Deutschland gefeierte Autor des Buches »Rückkehr nach Reims« behauptet, Macrons Politik der Flexibilisierung und des Sozialabbaus würde erst recht die Rechtspopulisten erstarken lassen. Er könne Macron nicht beim »Schwadronieren über Europa und dessen Kultur zuhören, wo er – und Merkel – doch im selben Moment die Bedingungen für kulturelles Schaffen in Europa zerstört«, schrieb Eribon erbost vor dem Auftritt des französischen Präsidenten auf der Frankfurter Buchmesse. Seit Langem behauptet Eribon, dass Macrons Politik den Rechtspopulisten des Front National zum Sieg verhelfen würde. Die Arbeitsmarktreformen des Präsidenten, mit denen die Bedeutung von Branchen- und Betriebsvereinbarungen gestärkt und der Kündigungsschutz teilweise gelockert wird, bezeichnete Eribon als »karikaturhafteste Variante der ökonomisch neoliberalen Ideologie«, um die Abhängigkeit der Arbeiter zum Arbeitnehmer zu stärken. Macron stehe an der

Seite von Merkel für eine »auf den Kopf gestellte Umverteilung: Nimm von den Armen und gib es den Reichen«.

Macron hingegen glaubt, dass allein Vertrauen zwischen Frankreich und Deutschland den Vormarsch der Rechtspopulisten in beiden Ländern brechen kann. So hat er sich entschlossen, der Kanzlerin entgegenzukommen, ihr ohne Gegenleistung sein Vertrauen zu schenken. Bevor er seine Rede an der Sorbonne hielt, legte er ihr das Manuskript für Anmerkungen vor. Dabei hätte er allen Grund gehabt, misstrauisch abzuwarten. Denn er wusste zu dem Zeitpunkt bereits, dass im Bundesfinanzministerium mit dem Segen Schäubles an einem »Non-Paper zur Wegbereitung einer Stabilitätsunion« gearbeitet wurde. In dem Drei-Punkte-Papier wird eine engere Kontrolle der Haushalte in den EU-Staaten verlangt, das klingt wie eine Misstrauenserklärung. Noch hat Macron nicht beheben können, was er in seiner Rede an der Humboldt-Universität im Januar 2017 so hellsichtig als größten Missstand bezeichnete: »Wir sind durch einen Mangel an Vertrauen zwischen Deutschland und Frankreich blockiert.«

Kapitel 5

EUROPÄISCH, REFORMWILLIG UND DEUTSCHLAND ZUGENEIGT:

Die Weggefährten des Präsidenten

Emmanuel Macron hat es geschafft, die kollektive Sehnsucht der Franzosen nach Veränderung zu kanalisieren. Zwischen der Gründung der Bewegung »En marche« Anfang April 2016 und seinem Einzug in den Élysée-Palast Anfang Mai 2017 liegt nur ein gutes Jahr. Selten hat Frankreich einen derartig schnellen politischen Wandel erlebt. Macron hat streckenweise den Eindruck vermittelt, er habe seinen Blitzaufstieg nur sich allein zu verdanken. An dieser Legende hat der Kandidat kräftig mitgeschrieben, etwa als er sich im Mai 2016 in Orléans auf Jeanne d'Arc berief und sich – wie einst die heilige Johanna – als Retter Frankreichs gerierte. Es wirkte, als folge er einer inneren Stimme. Oftmals schien es, als sei er von einem überirdischen Auftrag beseelt, etwa als er zum Ende seiner ersten Großkundgebung vor 10000 Anhängern im Dezember 2016 im Kongresszentrum an der »Porte de Versailles« in Paris die Arme zum Kreuz ausbreitete. Später kommentierte er, dass er die »mythische Dimension« seines Unterfangens nicht leugnen wolle. Es schien, als räume göttliche Fügung alle Gegner Macrons aus seinem Weg in den Élysée-Palast: zunächst die

Republikaner Nicolas Sarkozy und Alain Juppé bei den Vorwahlen, dann den Sozialisten François Hollande durch Verzicht, schließlich den Sozialisten Manuel Valls bei den Vorwahlen.

Der talentierte Monsieur Macron »geht über Wasser«, schrieb die Zeitung *L'Opinion.* Dabei hatte Macron instinktiv gespürt, dass das traditionelle Parteiensystem am Ende war und auch durch Vorwahlen nach amerikanischem Vorbild nicht gerettet werden konnte. Deshalb scharte er Gleichgesinnte um sich, um auf den Ruinen der 1945 etablierten Parteienlandschaft etwas Neues aufzubauen. Diese Pionierleistung verstand er geschickt in Szene zu setzen. Im April 2017, zu seiner letzten Großkundgebung in Paris, kamen mehr als 20 000 Anhänger in die Konzerthalle Paris-Bercy. Macron rief wie ein Evangelist in die Menge: »Spürt ihr die Kraft dieser Versammlung?« Die Halle stimmte wie auf unsichtbares Geheiß die Nationalhymne, die Marseillaise, an: »Allons enfants de la patrie« (übersetzt etwa: »Kommt Kinder des Vaterlandes«). Macron verkündete, wie sehr er sein Vaterland liebe: »Ich liebe seine Vergangenheit, aber auch seine Zukunft. Ich will, dass Frankreich wieder optimistisch wird!« Der Schriftsteller Michel Houellebecq merkte dazu an, Macron habe die Franzosen mit seinem Optimismus hypnotisiert. Ohne Wohlwollen könne die Politik nichts bewirken, predigte Macron. Doch seine Rolle als Volkstherapeut darf nicht vergessen machen, dass Macron sein Ziel nicht allein erreichte. Er konnte auf Weggefährten zählen, von denen einige bis heute nicht von seiner Seite weichen.

Der europäische Mentor: Jean-Pierre Jouyet

Einer der wichtigsten Weggefährten und Mentoren residiert in einem vornehmen Palast mit der Anschrift: 11 Kensington Palace Garden in London. Dem französischen Botschafter in Großbritannien, Jean-Pierre Jouyet, Jahrgang 1954, verdankt Macron viel. Jouyet leitete die traditionsreiche Finanzinspektion im französischen Finanz- und Wirtschaftsministerium, als Macron als junger Ena-Absolvent dort anfing. Die beiden verstanden sich auf Anhieb, und Jouyet fand Gefallen daran, den wissbegierigen jungen Mann einzuweihen – in die Funktionsweise der Finanzinspektion, aber vor allem in die europäischen Entscheidungsprozesse. Jouyet ist ein Zögling des früheren EU-Kommissionspräsidenten Jacques Delors. Vier Jahre lang arbeitete er in dessen Büro in Brüssel, zunächst als stellvertretender Büroleiter, von 1994 bis 1995 dann als Büroleiter. Schon zuvor gehörte der Notarssohn Jouyet zu dem kleinen Kreis von Unterstützern Delors', die sich im »Club Témoin« zusammengeschlossen hatten. Dazu zählte auch Jouyets bester Freund seit der Ena-Ausbildung, François Hollande. Obwohl Hollande besser positioniert war als Jouyet, hatte er auf einen Platz in der Finanzinspektion verzichtet, und Jouyet konnte auf diese Weise nachrücken.

Jouyet hatte lange vor Macron die Eingebung, dass in der Europapolitik das klassische Lagerdenken zwischen rechts und links überholt ist. Er erlebte die politische Symbiose, die der Christdemokrat Helmut Kohl und der Sozialist François Mitterrand unter der Federführung des Sozialdemokraten Jacques Delors erreichten. Seither ist er nicht nur von der Notwendigkeit einer konstruktiven Arbeitsbeziehung mit Deutschland überzeugt, er glaubt auch felsenfest daran, dass Parteiunterschiede überbrückbar sind, wenn es einen gemeinsamen Willen für Europa gibt. Mitterrand und Kohl hätten das gezeigt.

Mit Delors verbindet Jouyet eine frühe katholische Prägung. Unter seinem Hemd trägt der Botschafter bis heute versteckt sein Taufmedaillon. Für Macron kamen die Gespräche mit Jouyet europäischen Geschichtsstunden gleich. 2007 ließ sich Jouyet von Präsident Nicolas Sarkozy an den Kabinettstisch locken – als Staatsminister für Europa. Dieser Seitenwechsel kam damals einem Tabubruch gleich. Jouyet hatte im Regierungskabinett des sozialistischen Premierministers Lionel Jospin gearbeitet, er war der beste Freund des sozialistischen Parteivorsitzenden François Hollande. Und nun ließ er sich vom Präsidenten der bürgerlichen Rechten abwerben! »Die Versuchung Europa war zu stark«, bemerkte Jouyet in seinem Buch »Une présidence des crises« (etwa: »Eine Präsidentschaft in der Krisenzeit«).

Jouyet versuchte genau das, was Macron nun mit zehn Jahren Abstand unternimmt: europäische Reformen voranzutreiben, unabhängig von politischem Lagerdenken. »Ich habe auf europäischer Ebene das Leitmotiv Macrons weder rechts noch links vor der Zeit ausprobiert«, sagt der Botschafter rückblickend im Gespräch.

Als er im Quai d'Orsay wirkte, kam ihn Macron von Zeit zu Zeit besuchen, um sich zu informieren. Vor allem aber waren Emmanuel und Brigitte Macron gern gesehene Gäste bei den Diners der Jouyets in deren geräumiger Wohnung in der Rue Raynouard im vornehmen 16. Arrondissement der Hauptstadt. Jouyet ist in zweiter Ehe mit Brigitte Taittinger, einer Nachfahrin der Champagner-Dynastie, verheiratet. In ihren Salons in Paris brachten die Jouyets gern das französische Establishment über Parteigrenzen hinweg zusammen: Unternehmensführer, Diplomaten, Banker und Politiker wie François Fillon, Manuel Valls und eben Emmanuel Macron. Es sei wundervoll, dass es bei diesen Abendessen nie politischen Krach gäbe, amüsierte sich einmal François Hollande. Wer auch immer die Wahlen gewinne, bei den Taittingers stünde für den Sieger immer Champagner des Hauses kühl.

Jouyet zählt zu den Gründungsmitgliedern der sogenannten Gracques, einer Gruppe von hochrangigen Politikern, Intellektuellen und Spitzenbeamten, die sich im Präsidentenwahlkampf 2007 zusammengeschlossen hatten. Als Vorbild galten ihnen die Brüder Tiberius Sempronius Gracchus und Gaius Sempronius Gracchus, die zwischen 163 und 121 vor Christus die römische Republik modernisieren wollten. Die französischen »Gracchen« warben für ein ehrgeiziges Reformprogramm, damit Frankreich es mit den Herausforderungen der Globalisierung aufnehmen könne. Jouyet hegte damals die Hoffnung, dass ein Bündnis zwischen der Sozialistin Ségolène Royal und dem Zentristen François Bayrou die Grundlage für einen sozialliberalen Reformkurs bilden könnte. Doch das Bündnis kam nicht zustande, Nicolas Sarkozy gewann die Präsidentenwahl. Die »Gracques« aber setzten ihre Treffen fort, immer auf der Suche nach einem Kandidaten, der ihr Ideal an der Staatsspitze verwirklichen würde. Jouyet machte frühzeitig in dem talentierten Macron einen möglichen Hoffnungsträger aus. 2007 empfahl er ihn in die berühmte Wachstumskommission, die Präsident Sarkozy zu Beginn seiner Amtszeit einsetzte. Er sprach sich gegenüber Baron David de Rothschild für ihn aus, und er war es auch, der seinem Freund Hollande nahelegte, sich den klugen Kopf als Wirtschaftsberater in den Élysée-Palast zu holen. Jouyet konnte sich ein wohlwollendes Lächeln nicht verkneifen, als er im August

2014 als Generalsekretär des Élysée-Palastes die neue Kabinettsliste verlesen musste und der Name Emmanuel Macron als Wirtschaftsminister an die Reihe kam.

Als Wirtschaftsminister holte sich Macron oftmals Rat von Jouyet – und seine erste Amtshandlung war folgerichtig, seinen deutschen Counterpart, den damaligen Wirtschaftsminister Sigmar Gabriel, in Berlin zu besuchen. Auch wenn Macron in seiner Sorbonne-Rede von einer »Neu-Begründung« der EU sprach, so weiß er von Jouyet, wie lange die meisten Fragen wie die Vollendung der Wirtschafts- und Währungsunion, die Verteidigungszusammenarbeit oder der Informationsaustausch zur Verbrechens- und Terrorismusbekämpfung Brüssel schon beschäftigen. »Alle großen Themen lagen schon vor gut zehn Jahren auf dem Verhandlungstisch. Es gibt wenige gänzlich neue Themen. Nur die Flüchtlingskrise war damals von geringerer Bedeutung«, sagt Jouyet im Gespräch. Der väterliche Förderer hat Macron frühzeitig die Wichtigkeit eingeschärft, alle EU-Mitgliedsstaaten zu berücksichtigen und nicht ausschließlich auf die »Großen« zu setzen. Jouyet selbst hatte sich als Europaminister bemüht, durch Reisen in alle europäischen Hauptstädte Respekt für die Interessen der kleineren Mitgliedsstaaten zu zeigen. »Der Präsident weiß, wie wichtig es ist, mit allen Ländern zu sprechen. Jedes Land hat eine andere Sensibilität. Das ist es, was den europäischen Einigungsprozess so interessant macht«, sagt Jouyet. Macron hat sofort im Sommer 2017 in einer Tournee fast alle Hauptstädte der EU besucht. Zugleich weiß er, dass eine Vertiefung nur mit einer kleineren Zahl von Mitgliedsstaaten möglich sein wird. Auch das ist eine Schlussfolgerung, zu der bereits Jouyet gelangt war. »Wir steuern auf ein differenziertes Europa zu. Das ist unvermeidlich. Die große Frage betrifft die Geschwindigkeit der Reformen. Die Welt um uns herum verändert sich schnell. Wird es uns gelingen, die EU in derselben Geschwindigkeit zu reformieren?«, sagt Jouyet. Veränderungen in Europa können nur angestoßen werden, wenn sich Deutschland und Frankreich einig sind. Diese Einsicht habe Macron verinnerlicht. Deshalb sei er so sehr auf die deutsch-französische Verständigung fixiert. »Emmanuel Macron ist sehr germanophil. Seine erste Reise als Wirtschaftsminister hat ihn bereits nach Berlin geführt. Es lag ihm immer am Herzen, auf deutsch-französische Weise zu arbeiten«, sagt der Botschafter.

Ein Regierungschef von der Rechten: Édouard Philippe

Édouard Philippe hat zusammen mit seinem Berater Gilles Boyer zwei Politkrimis geschrieben, »Im Schatten« (»Dans l'ombre«) und »Die Stunde der Wahrheit« (»L'heure de vérité«), aber er schwört, die Aufmerksamkeit Emmanuel Macrons nicht mit diesen Werken auf sich gezogen zu haben. Die beiden Männer haben sich, es klingt sehr banal, bei einem Abendessen in Paris kennengelernt. Ein Bekannter war der Meinung, die beiden sollten unbedingt mal einander vorgestellt werden, und lud deshalb die Ehepaare Philippe und Macron zu sich ein. Das war, lange bevor sich beide vorstellen konnten, einmal als Premierminister und Präsident das wichtigste Duo an der französischen Staatsspitze zu bilden. Offensichtlich reichte die Abendbegegnung, um ein Vertrauensverhältnis zu entwickeln. Kurze Zeit später, 2011, wurde Philippe von der French-American Foundation in Paris als Young leader ausgewählt, auf Macron fiel die Wahl ein Jahr später. Die französisch-amerikanische Stiftung hat sich einem verbesserten Austausch zwischen den beiden Ländern verschrieben und organisiert mit Vorträgen und Besichtigungen ausgeschmückte Begegnungen in Paris und New York. Das Young-leader-Programm hat für die Stiftung die Wirkung eines Flaggschiffs entfaltet. In den Führungsetagen von Politik und Wirtschaft in Frankreich sitzen heute viele der ehemaligen Young leaders. Auf Philippe war die Auswahljury aufmerksam geworden, weil der junge Mann im Jahr zuvor, 2010, Bürgermeister in Le Havre geworden war. Die Hafenstadt war von der Mitte des 19. Jahrhunderts an das Ausfalltor Frankreichs in die USA gewesen, von hier gingen die Ozeandampfer nach New York ab. Im Zweiten Weltkrieg bauten die deutschen Besatzer die Hafenanlage zu einer Festung aus. Der spätere Wohnungsbauminister in Bonn, Eberhard Wildermuth, war Festungskommandant von Le Havre, als am 14. Juni 1944 über 200 Lancaster-Bomber den Hafen bombardierten. 22 der Flugzeuge waren mit Tallboy-Bomben beladen, die gezielt den großen Bunker für S-Boote angriffen. Als britische Truppen im September 1944 die Stadt einnahmen, fanden sie eine Trümmerlandschaft vor. Le Havre hatte unter den französischen Städten die höchsten Verluste an Menschenleben während der alliierten Bombenangriffe zu beklagen. Über 5000 Zivilisten waren getötet und mehr als 80 000 waren obdachlos geworden. Im Gespräch sagt Philippe, dass es ihn als Kind immer durcheinandergebracht habe, dass die Bomben von den britischen und amerikanischen Befreiern kamen, während der Kriegsgegner die Deutschen gewesen seien.

Philippe wurde 1970 geboren, lange nach dem Wiederaufbau der zerstörten Stadt durch den berühmten Architekten Auguste Perret. Seine Eltern arbeiteten beide als Französischlehrer und legten viel Wert darauf, dass ihr Sohn in der Schule exzellente Leistungen bringe. Diesen hohen Bildungsanspruch seitens des Elternhauses teilt Philippe mit Macron. Philippe erinnert sich, wie sein strenger Vater ihn als Fünfjährigen an seinen Schreibtisch bat und ihm auftrug, etwas aus einem aufgeschlagenen Buch laut vorzulesen. Es handelte sich um eine Passage aus Dantes »Göttlicher Komödie«. Philippe musste die ersten Verse aus dem »Inferno« vorlesen und sagt rückblickend, es sei »die Hölle« gewesen. Er habe nichts von dem verstanden, was er las. Aber er erinnere sich noch an das zufriedene Lächeln seines Vaters, als er oben auf der Seite das Datum, seinen Namen und den Hinweis notierte, das sei der erste vorgelesene Text seines Sohnes Édouard gewesen.

Trotz dieser frühen »höllischen« Erfahrung sollte Philippe zu einem unersättlichen Vielleser werden. Kurz nach seinem Amtsantritt als Premierminister hat er ein Buch mit dem vielsagenden Titel »Des hommes qui lisent« veröffentlicht: »Lesende Menschen«. Darin stellt er sich den Franzosen mit seinen literarischen Lieblingswerken vor. Es zählen Klassiker dazu wie Victor Hugos »Jahrhundertlegende« oder Chateaubriands »Erinnerungen von jenseits des Grabes« und Fernand Braudels »Identität Frankreichs«. Philippe schätzt englischsprachige Autoren wie den Historiker John Keegan, den Juristen Stephen L. Carter oder Robert Littell, Tony Blair und Nelson Mandela. Nach deutschsprachigen Autoren muss man dagegen lange suchen und findet nur einen – Franz Kafka – in der Aufstellung, was er noch lesen möchte. Das ist erstaunlich, denn Philippe hat entscheidende Jugendjahre in Bonn zugebracht. Aber offensichtlich wurde während dieses Aufenthalts nicht sein Interesse an deutscher Literatur geweckt.

Die Familie Philippe zog, als Édouard sechzehn Jahre alt war, von Le Havre an den Rhein. Patrick Philippe, dem Vater, war die Leitung des Lycée Français der damaligen Bundeshauptstadt übertragen worden. Édouard legte sein »baccalauréat« in Bad Godesberg ab und gerät noch heute ins Schwärmen, wenn er vom deutschen Bier, besonders vom »Kölsch«, spricht und seinen Freundschaften aus dieser Zeit. Er sagt, er sei in einer sehr deutschfreundlichen Familie aufgewachsen, was nicht selbstverständlich war. »Mein Großvater mütterlicherseits hatte mehrere Jahre in einem deutschen Kriegsgefangenenlager zugebracht. Dennoch war klar, dass ich Deutsch lernen würde. Als ich zehn Jahre alt war, verbrachte ich einige Zeit bei einer Familie in Hannover. Ich habe bis heute Freundschaften aus dieser Zeit und natürlich aus der in Bonn. Nur meine Deutschkenntnisse sind ein wenig eingerostet. Wenn ich längere Zeit in Deutschland verbringen würde, könnte ich bestimmt wieder flüssig sprechen«, sagt er.

Nach dem Abitur schlug Philippe einen ähnlichen Lebensweg ein wie Macron ein paar Jahre später. Er studierte am Institut d'Études Politiques (»Sciences Po«) in Paris und bestand danach die Aufnahmeprüfung für die staatliche Kaderschmiede »École Nationale d'Administration« (Ena). Sein Ena-Jahrgang ist nach dem Historiker Marc Bloch benannt, der im Versagen der französischen Eliten den wichtigsten Grund für die »seltsame Niederlage« 1940 erkannt hatte. In seinen wöchentlichen »Chroniken« für die linke Zeitung *Libération* während des letzten Präsidentschaftswahlkampfes knüpfte Philippe an Bloch an und zeichnete schonungslose politische Sittenbilder. Unter der Überschrift »Byzantinische Querelen« bekundete er etwa, dass für ihn die Interessen Frankreichs über denen seiner Partei stünden.

Über Macron äußerte er sich nicht nur positiv. Im Januar 2017 schrieb Philippe in einer Chronik: »Sein Können als Verführer und seine Reform-Rhetorik beeindrucken einige so sehr, dass sie in Macron eine Mischung aus John F. Kennedy und Pierre Mendès France sehen. Man darf daran zweifeln. Kennedy hatte mehr Charisma und Mendès France mehr Prinzipien.« Erst später, nach dem Skandal um den rechtsbürgerlichen Präsidentschaftskandidaten François Fillon, der für seine Ehefrau jahrelang Gelder aus der Parlamentskasse abgezweigt hatte, änderte Philippe sein Urteil.

Politisch hatte sich Philippe seit Langem anders als Macron orientiert, obwohl er sich ebenfalls während seiner Studienzeit für den sozialistischen Reformer Michel Rocard begeisterte. Wie der spätere Präsident schnitt er als einer der Besten bei der Ena-Abschlussprüfung ab, wählte jedoch ein anderes der drei französischen Elitekorps. Als höchste Berufung für einen französischen Staatsdiener gelten die Finanzinspektion, der Rechnungshof (Cour des Comptes) und der Staatsrat (Conseil d'État). Auf Letzteren fiel die Wahl Philippes. Kurioserweise hatte er sich im – während der Sommerpause unbesetzten – Büro des sozialistischen Senators Jean-Luc Mélenchon in der zweiten Parlamentskammer auf die Ena-Prüfung vorbereitet. Mélenchon ist zwischenzeitlich zum Wortführer der extremen Linken des »Unbeugsamen Frankreich« aufgestiegen. Auf Philippe hingegen wurde der frühere Premierminister Alain Juppé aufmerksam, der in dem stets besonnenen, sehr verkopften jungen Mann ein Ebenbild entdeckte. 2002 wirkte Philippe an der Seite von Alain Juppé an der Gründung der großen Mitte-Rechts-Partei UMP mit, die als Antwort auf den Wahlerfolg Jean-Marie Le Pens konzipiert wurde.

Auch dem langjährigen Bürgermeister von Le Havre, Antoine Rufenacht, einem Vertrauter des damaligen Präsidenten Jacques Chirac, gefiel der junge Mann. Er baute Philippe zu seinem Nachfolger im Rathaus auf. Bevor er 2010 seinem politischen Ziehvater folgte, verließ Philippe den Staatsdienst vorübergehend. Er sammelte Berufserfahrungen in einer amerikanischen Anwaltskanzlei und als Leiter der Kommunikationsabteilung des französischen Atomkonzerns Areva. Das ist der Grund, warum er im Verdacht steht, nicht vollends hinter der Energiewende zu stehen, die Macron im Wahlkampf angekündigt hatte. Doch beide Politiker stehen für einen geordneten Rückzug aus der Atomenergie. Sie haben aus der Erfahrung Deutschlands gelernt, dass sie auf luftverschmutzende Kohlekraftwerke in der Übergangsphase hin zu erneuerbaren Energien verzichten wollen.

Hatten sich Macron und Philippe schon seit Längerem politisch angenähert, so brachte das Verhalten »seines« Präsidentschaftskandidaten François Fillon während des Wahlkampfes Philippe dazu, einen entscheidenden Schritt auf Macron zuzugehen. Fillon hatte sich auf rechtlich fragwürdige, vor allem auf moralisch inakzeptable Weise als Abgeordneter finanziell bereichert, indem er seine Ehefrau jahrelang als parlamentarische Mitarbeiterin auswies. An ihrer tatsächlichen Tätigkeit bestehen bis heute Zweifel. Fillon verschloss vor dem Glaubwürdigkeitsverlust die Augen und brach sein Wort. Er hatte zunächst versprochen, im Falle eines Strafverfahrens zurückzutreten. Als dann tatsächlich ein Strafverfahren eröffnet wurde, verweigerte er den Rücktritt. Philippe legte sein Amt im »Strategischen Rat« der Wahlkampagne Anfang März nieder. Vergeblich bemühte er sich, den Bürgermeister von Bordeaux, Alain Juppé, zu überreden, gegen Fillon anzutreten. Philippe zählte zu der Gruppe von jungen Rechtsbürgerlichen, die eine nächtliche Autofahrt nach Bordeaux organisierten, um Juppé ins Gewissen zu reden. Aber der siebzig Jahre alte Politiker sträubte sich und kündigte am darauffolgenden Tag an, dass er für eine Kandidatur nicht zur Verfügung stehe. Philippe hat bis heute nicht verraten, für wen er im ersten Wahlgang der Präsidentenwahlen stimmte. Er hat hingegen erzählt, wie schwer es ihm gefallen sei, das Premierminister-Angebot Macrons geheim zu halten. Er habe in dieser Zeit mehrere Kilogramm abgenommen, weil ihn die Frage bedrückte, ob er dem Posten des Regierungschefs gewachsen sei. Der Vater von drei Kindern hatte dabei auch sein Familienleben im Blick. Doch seine Frau, die Einzige, die er ins Vertrauen zog, habe ihn zur Zusage ermuntert.

Philippe hat das Amt des Premierministers unter politisch ganz anderen Voraussetzungen angetreten als die meisten seiner Vorgänger. Er gehört nicht der gleichen Partei wie der Präsident an und kann sich auch nicht auf einen eigenen Parteiflügel stützen. Die Führung der Republikaner hat ihn nach langem Hin und Her aus der Partei ausgeschlossen. Als Parteiloser steht Philippe mehr denn je in einem Abhängigkeitsverhältnis zum Präsidenten. Doch verschafft ihm diese Position auch Freiheiten. So muss er nicht auf eine bestimmte politische Strömung Rücksicht nehmen. Er ist dabei, einen neuen Weg für die bürgerliche Rechte zu beschreiten, den der konstruktiven Zusammenarbeit an einem tief greifenden Reformkurs. Die vorangegangenen Präsidenten – Nicolas Sarkozy und Jacques Chirac – hatten es nicht vermocht, Frankreich durch strukturelle Veränderungen wieder nach vorn zu bringen. Philippe geht dabei nicht allzu streng ins Gericht mit den Altvorderen. Sie hätten schon versucht, Reformen durchzusetzen, seien aber an den Beharrungskräften im Land gescheitert. Mit seiner ruhigen, humorvollen Art ist Philippe dabei, zu einem unverzichtbaren Verbündeten Macrons zu werden.

Europäisch, europäischer, Sylvie Goulard

Sylvie Goulard eine überzeugte Europäerin zu nennen ist eine Untertreibung. Niemand verkörpert so gut wie sie die Idee, dass der europäische Einigungsprozess das Leben des Einzelnen zum Besseren zu verändern vermag. Kein Wunder, dass sich die liberale Europaabgeordnete frühzeitig Emmanuel Macron anschloss und ihm als kompetente Beraterin in Deutschland- und Europafragen stets zur Seite stand. Als Tochter italienischer Einwanderer mit dem Mädchennamen Grassi in Marseille aufgewachsen, hat sie sich über Kenntnisse der deutschen Sprache das Fenster zur Welt geöffnet. Als sie in der Schule durch gute Noten auffiel, nötigten die Lehrer sie, Deutsch zu lernen. Rückblickend sieht Goulard dies als Chance ihres Lebens. »In Marseille blicken alle aufs Mittelmeer. Die Begegnung mit Deutschland hat mir völlig andere Horizonte eröffnet«, sagt sie. Sie las Kurt Tucholsky, Stefan Zweig, besuchte ihre Brieffreundin in Bielefeld, lernte Deutschland lieben »einschließlich Gemütlichkeit und Torten mit Sahne. Und auch die Zuverlässigkeit!« Bereits mit fünfzehn Jahren legte sie ihre Reifeprüfung ab, studierte zunächst Jura in Aix-en-Provence und zog dann weiter nach Paris, um sich – wie später Philippe und Macron – an der »Sciences Po« einzuschreiben. Es folgte die Verwaltungshochschule Ena, nach deren Abschluss sie sich für eine diplomatische Karriere entschied. Als junge Diplomatin gehörte sie der französischen Delegation bei den Zwei-plus-Vier-Gesprächen zur deutschen Wiedervereinigung an. Es war eine prägende Zeit, in der Goulard ein enges Verhältnis zu Bundespräsident Richard von Weizsäcker aufbaute, der die talentierte Französin mit dem großen europäischen Tatendrang sehr schätzte. Davon zeugte auch der Umstand, dass sie bei Weizsäckers Staatsbegräbnis unter den nächsten Angehörigen saß.

Im französischen Außenministerium wurde ihr europäischer Enthusiasmus nur selten geteilt. Goulard kann sich wunderbar darüber aufregen, wenn sie Diplomaten nörgeln hört, die EU habe die Seele Europas verraten und sei ein kaltes bürokratisches Gebilde. Es seien vielmehr die nationalen Regierungen, die die große Idee Europa verkommen lassen hätten, beschwert sie sich. Europa sei nicht ohne Fehler, aber es sei ein kühner Versuch, die Zukunft zu gestalten. Oftmals hört sie sich an, als habe sie bei Macrons Wahlkampfreden die Feder gehalten. Noch bevor der dreizehn Jahre Jüngere Wirtschaftsminister wurde und mit dem damaligen deutschen Wirtschaftsminister Sigmar Gabriel seine Vorstellungen für die Vertiefung der Wirtschafts- und Währungsunion vorlegte, stellte Goulard einen Plan für die Euro-Zone vor. Ihr Vorschlag lautete, die Euro-Zone zu einem demokratischen Kerneuropa samt eigenem Parlament und Regierung auszubauen. Dieser Vorstoß war auch auf ihre frühe Begeisterung für das sogenannte Schäuble-Lamers-Papier zurückzuführen, mit dem die beiden CDU-Politiker Wolfgang Schäuble und Karl Lamers bereits im Jahr 1994 angesichts der Ost-Erweiterung für die Bildung eines Kerneuropas plädierten. Goulard pflegt einen engen Kontakt zu den beiden Autoren und war nicht unbeteiligt daran, dass Finanzminister Schäuble sich entgegen der Bindung an die französische Schwesterpartei der

Republikaner kurz vor der Wahl im April 2017 für den Kandidaten Macron aussprach.

2001 war Goulard ins administrative Herz der EU, nach Brüssel, gewechselt und wirkte als Beraterin und Ideengeberin des damaligen EU-Kommissionspräsidenten Romano Prodi. In jener Zeit entstand der Spruch, wer Prodi verstehen wolle, müsse mit Goulard sprechen. Natürlich war es ein unschlagbarer Vorteil, dass sie scheinbar spielend vom Französischen ins Deutsche, Italienische und Englische wechseln konnte. Aber auch ihre fundierte Sachkenntnis beeindruckte. Nach ihrer Rückkehr aus Brüssel 2004 übernahm sie den Vorsitz der Europäischen Bewegung in Frankreich, die sie aus dem Dornröschenschlaf weckte. Sie machte mit einem Essay auf sich aufmerksam, in dem sie frühzeitig vor einer EU-Mitgliedschaft der Türkei warnte. Ihr jüngstes Buch hat sie »Goodbye Europe« betitelt. Der Titel ihres proeuropäischen Plädoyers war als Provokation gedacht, die neugierig machen soll. Das hat sie in ihren acht Jahren im Europäischen Parlament gelernt: Wer nicht auf sich aufmerksam macht, wird nicht wahrgenommen. Goulard verdankte den Einzug in das Europäische Parlament dem Chef der Zentrumspartei Modem, François Bayrou, der sie als Kandidatin aufstellte. Sie machte sich sofort mit schneller Auffassungsgabe, viel Fleiß und Disziplin an die Arbeit. In der Fraktion der Allianz der Liberalen und Demokraten in Europa (ALDE) wurde sie auf diese Weise zu einer der bekanntesten EU-Abgeordneten. Als Sprecherin im Währungsausschuss prägte sie wichtige Beschlüsse zur Bankenunion und zur Euro-Rettung mit. Sie setzte auch durch, dass im Direktorium der Europäischen Zentralbank nicht mehr nur Männer sitzen. In Frankreich wurde sie wiederholt als beste EU-Gesetzgeberin ausgezeichnet.

Die Mutter von drei erwachsenen Töchtern hat Europa nie als Abstellgleis für Politiker empfunden. Zusammen mit dem Grünen Daniel Cohn-Bendit, mit dem sie auch ein Buch geschrieben hat, begründete sie die Spinelli-Gruppe im Europäischen Parlament, die sich für ein föderales Europa einsetzt. Und mit dem früheren italienischen Ministerpräsidenten Mario Monti hat sie ein Buch mit dem Titel »Über die Demokratie in Europa« verfasst. Präsident Macron zitierte daraus in seiner Rede an der Sorbonne. Der gesamte Vortrag war von einer Leitidee Goulards geprägt: Wir müssen unseren Bürgern klarmachen, dass wir nicht Souveränität verlieren, wenn wir zusammenarbeiten, sondern sie auf diese Weise sichern. Sie würde gern die These widerlegen, mit der Parteien wie die Alternative für Deutschland oder der Front National ihre Wähler ködern, nämlich dass der Nationalstaat die Leute besser schützt als die EU. Goulard glaubt, dass der Nationalstaat viel zu eng und zu schwach ist, um die moderne Welt zu gestalten.

Auch weil sie ihren Deutschkenntnissen viel verdankt, hat Goulard sich vehement gegen die Abschaffung der sogenannten bilingualen Klassen in der französischen Mittelstufe ausgesprochen, die eine verstärkte Deutschförderung ermöglichten. »Vielfalt und Reichtum der deutschen Philosophie, Berlins Charme, Deutschlands Wirtschaftsleistung oder politisches Gewicht, die Bewunderung für die deutsche Nationalmannschaft, die zahlreichen Berufschancen für Germanisten: an Begründungen und Anreizen für das Erlernen der deutschen Sprache mangelt es nicht«, befand sie in einem flammenden Plädoyer gegen die von den Sozialisten beschlossene Schulreform. Als Europaabgeordnete sei sie zutiefst beunruhigt. Sie wähnte den französischen Staat »im Rückwärtsgang«, und das ausgerechnet in einer Zeit, die Weltoffenheit fordere. »Auch persönlich berühren mich diese Vorhaben zutiefst. In den 1970er-Jahren durfte ich in Marseille an einer öffentlichen Schule Deutsch lernen. Ohne meine hervorragenden und engagierten Lehrer – der Élysée-Vertrag wurde noch ernst genommen – wäre mein Leben um einiges ärmer gewesen. Das emotionale Entdecken und Erleben der deutschen Sprache war für mich umso faszinierender, als es mit der mediterranen Umwelt total kontrastierte. Damals wagte es die Schule noch, Kinder jeglicher sozialer Herkunft nach Kräften zu fördern und zu fordern, um ihnen das Bestmögliche zu erschließen«, so Goulard. Sie hat maßgeblich darauf Einfluss genommen, dass Macron sofort nach seinem Amtsantritt die sozialistische Schulreform rückgängig machte. Für Goulard ging es dabei auch um die Grundlagen der deutsch-französischen Partnerschaft. Für die europäischen Baustellen im Bereich der Wirtschaft, der Verteidigung oder der Asyl- und Migrationspolitik braucht es aus ihrer Sicht eine bessere Verständigung. Diese sei aber nur möglich, wenn die Politiker auf beiden Seiten des Rheins die Sprache des anderen sprechen und dessen Kultur kennen. Goulard will dabei selbst vertrauensbildend tätig sein. So organisierte sie die beiden Wahlkampfaufritte Macrons im Januar und im März 2017 in Berlin bewusst als Begegnungen auch mit der Zivilgesellschaft. Seinen ersten Vortrag an der Humboldt-Universität hielt Macron in englischer Sprache – um von seinem Publikum besser verstanden zu werden. Die Rechtspopulistin Marine Le Pen heulte laut auf, das sei ein Verrat an der französischen Sprache und ein sicheres Indiz dafür, dass Macron sein Vaterland nicht verteidigen werde. Goulard hingegen bestätigte Macron, dass die begeisterten Reaktionen unter den Zuhörern ihm reichen sollten. Denn unter den Studenten im Hörsaal waren auch viele junge Osteuropäer, die des Französischen nicht mächtig sind.

Dass Verständigung keine Einbahnstraße ist, davon ist Goulard seit Langem überzeugt. Sie glaubt, dass es an der Zeit ist, dass Frankreich Deutschland entgegenkommt. Sie nennt uns Deutschen einen »idealen Partner«. Das hat seit Kriegsende noch kein führender Politiker gewagt, und allein dafür hätte sie das Bundesverdienstkreuz verdient, mit dem sie im Palais Beauharnais, der Residenz der deutschen Botschafter in Paris, im Juni 2015 ausgezeichnet wurde. Die diskussionsfreudige Goulard verwandelte die Zeremonie damals in eine anregende Debatte mit Karl Lamers und Mario Monti. Lamers lehnte ganz in geistiger Übereinstimmung mit Goulard das Nörgeln über Europas Krisen ab: »Krisen sind der Entwicklungsmodus von politischen Großprojekten.« Die Geburt des geeinten Europas habe begonnen, sei aber noch lange nicht abgeschlossen, was auch die Wirtschafts- und Währungsunion zeige. Lamers äußerte, die EU sei noch keine Wirtschaftsunion, sie müsse beispielsweise bei den Steuern vervollständigt und institutionell abgesichert werden. Der Italiener Monti wiederum sagte, für Europa sei es essenziell, dass Frankreich und Deutschland zusammenarbeiten. Europa komme nur dann voran, »wenn Frankreich wieder Frankreich wird, das heißt Selbstvertrauen hat und darauf verzichtet, Allianzen im Süden gegen den Norden zu versuchen«. Monti kritisierte, es sei erschreckend zu erleben, dass sich niemand mehr traue, der Bundesregierung zu widersprechen, dann aber auf den Fluren getuschelt und kritisiert werde, was Deutschland mache. Die Debatte kann retrospektiv als Blaupause für Macrons europäisches Programm gesehen werden.

Goulard widerspricht dabei heftig, wenn es im deutsch-französischen Verhältnis darum geht, sich gegenseitig Vorwürfe zu machen. Diese seien bekannt und lauteten »Die Deutschen exportieren zu viel« und »Die Franzosen wollen nur unser Geld«. Viel klüger sei es, sich auf die gemeinsamen Stärken zu konzentrieren, und genau das sei das Angebot von Macron. Die wirkliche Frage sei doch, wie man das Geld aller Europäer besser für Investitionen zugunsten Europas nutzen könne. Es sei ja auch im deutschen Interesse, von Partnern umgeben zu sein, denen es wirtschaftlich gut geht und die in der Lage sind, ihr Land zu verteidigen. Die deutsch-französische Beziehung darf aus ihrer Sicht nicht auf die Zukunft der Euro-Zone reduziert werden. Vielmehr brauche es eine europäische Antwort auf Putin, Erdoğan und Trump.

Als Verteidigungsministerin bis zu ihrem überraschenden Rücktritt nach nur einem Monat Amtszeit konnte sie ihre Überzeugungen vorführen. Ihre erste Auslandsreise mit dem Präsidenten führte sie auf den französischen Militärstützpunkt in Gao in der Wüste Malis. Dort hat Frankreich Soldaten zum Kampf gegen islamistische Terrorgruppen in der sogenannten Operation »Barkhane« stationiert. Im Februar 2013 wäre beinahe der gesamte malische Staat in die Hände der islamistischen Kämpfer gefallen. Nur eine französische Militärintervention konnte den Vormarsch auf die Hauptstadt Bamako noch stoppen. Inzwischen beteiligt sich auch Deutschland an der Stabilisierung des Landes. So hat die Bundeswehr Soldaten für die Stabilisierungsmission »Minusma« der Vereinten Nationen und für die EU-Ausbildungsmission EUTM nach Mali entsendet. Goulard sieht darin ein Modell für eine künftige Zusammenarbeit. In Gao empfing Präsident Macron bewusst auch eine Delegation der Bundeswehr, um zu zeigen, wie wichtig ihm die Hilfe aus Deutschland ist. Goulard betonte, dass sie eine Erhöhung des deutschen Wehretats auf zwei Prozent des Bruttoinlandsprodukts gutheißen würde. Es sei eine gute Nachricht, wenn Deutschland mehr in seine Verteidigung investiere. Bei ihrem Antrittsbesuch in Berlin bekundete sie: »Ich habe keine Angst vor einem starken Deutschland.« Es sei lange schon die Ansicht Frankreichs gewesen, dass Europa seine Verteidigung selbst in die Hand nehmen müsse.

Mit Rücksicht auf die Soldaten, die für Frankreich ihr Leben riskieren, trat Sylvie Goulard nach nur einem Monat im Amt zurück, um Ministerium und Armee nicht zu belasten. Es war der Verdacht laut geworden, sie könne in ihrer Zeit als Europaabgeordnete in illegale Parteifinanzierungsmethoden eingewilligt haben. Doch bislang laufen keine Ermittlungen gegen sie, sondern nur gegen ihre Partei. In der französischen Notenbank »Banque de France« wirkt sie seit Januar als Vize-Gouverneur. Es gilt als ausgemacht, dass Goulard ein politisches Comeback bevorsteht.

Der Lokalfürst aus Lyon: Gérard Collomb

In Gérard Collomb sah man in der französischen Hauptstadt lange nur einen Lokalfürsten aus Lyon. In der Bezeichnung »Lokalfürst« schwingt dabei immer eine Mischung aus Überheblichkeit und Unkenntnis angesichts der lokalen Gepflogenheiten mit, die im zentralistischen Frankreich auf eine lange Tradition zurückblickt. Schon in der höfischen Gesellschaft um den Königshof sah man auf Lokalfürsten herab, zugleich wurden sie aber auch mit gewisser Unruhe beäugt, ahnte man die Kraft ihrer lokalen Verankerung. Dieses Erbe bekam Collomb zeitlebens in der Sozialistischen Partei zu spüren. Der Bürgermeister von Lyon (von 2001 bis 2017) hatte auf eine Kandidatur des weltläufigen Generaldirektors des Internationalen Währungsfonds (IWF), Dominique Strauss-Kahn, im Präsidentschaftswahlkampf 2012 gehofft. Nachdem dieser wegen des Sex-Skandals um ein Zimmermädchen im Hotel Sofitel in New York aus dem Präsidentenrennen ausschied, resignierte Collomb. Er konnte mit dem linken Überschwang des Kandidaten François Hollande (»Unser Feind ist die Finanzwelt«) wenig anfangen. Als Stadtvater der zweitwichtigsten Wirtschaftsregion Frankreichs hatte Collomb immer eine pragmatische Standortpolitik betrieben. Unternehmer zählten zu seinen wichtigsten Verbündeten bei der wirtschaftlichen Dynamisierung der Metropole. In der Sozialistischen Partei jedoch machte er sich mit diesem pragmatischen Ansatz keine Freunde. Der Sohn aus einer Lyoner Arbeiterfamilie blieb über Jahrzehnte ein Außenseiter in der Rue Solférino, dem Parteihaus der Sozialisten in Paris. Ihm wurde kein Ministerposten angetragen, obwohl er Lyon zu einer sozialistischen Wählerhochburg ausgebaut hatte. Der Freimaurer Collomb verfügt dabei über ein engmaschiges Netzwerk, das in alle bürgerlichen Parteien hineinreicht. Als Bürgermeister war er 2001 dem Zentristen Raymond Barre nachgefolgt und blieb dem Prinzip seines Vorgängers treu, dass gute Politik auf wirtschaftlichem Sachverstand und auf einer möglichst breiten Wählerbasis in der bürgerlichen Mitte gründete. Collomb schloss sich der von Jouyet ins Leben gerufenen Gruppe »Les Gracques« an und richtete mehrere Treffen in Lyon aus.

Angesichts der glücklosen Politik seines Parteifreundes, Präsident François Hollande, auf der nationalen Ebene suchte Collomb verstärkt, in Lyon progressive Kräfte um sich zu scharen. Im August 2015 lud er deshalb den damaligen Wirtschaftsminister Emmanuel Macron zu einer Tagung der »Reformer« nach Lyon ein. Das war der Beginn einer großen Freundschaft zwischen dem 1947 geborenen Collomb und dem dreißig Jahre jüngeren Macron. Der erfahrene Lokalpolitiker und der politische Newcomer waren sich sofort einig, dass Hollandes unbeholfener und teils irrlichternder Reformkurs das Land nicht voranbringen könne.

Collomb ist ein großer Bewunderer des politischen Denkers Henri de Saint-Simon, eines der Väter der katholischen Soziallehre. Saint-Simon begründete eine Denkschule, die sich als christliche Alternative zum atheistischen Sozialismus Karl Marx' verstand. In seinem 2011 veröffentlichten Buch »Et si la France s'éveillait« (etwa: »Und wenn Frankreich aufwachen würde«) plädierte Collomb für einen bejahenden Reformkurs, der vor allem die Stärkung der unternehmerischen Kräfte im Land zum Ziel haben solle. Diese Forderung verknüpfte er mit einer kritischen Betrachtung staatlicher Interventionen. Es sei wichtig, Eigeninitiativen zu stärken und nicht immer alle Erwartungen auf zentralstaatlichen Dirigismus zu richten. Collomb verband diesen Reformappell schon damals mit der Forderung, dass Frankreich eine gestalterische Aufgabe in der EU übernehmen müsse, die es seit dem Referendum über den europäischen Verfassungsvertrag Ende Mai 2005 aufgegeben habe.

Frühzeitig spornte Collomb den jungen Wirtschaftsminister an, sich auf eine Präsidentschaftskandidatur vorzubereiten. Der Bürgermeister von Lyon zählte zu den ersten Stützen der Bewegung »En marche« und trug maßgeblich dazu bei, dass sich seine Heimatstadt zu einer Bastion der Bewegung entwickelte. Am 24. September 2016 lud er zu einem »europäischen Gipfel der Reformer« nach Lyon ein. Macron war der Stargast des Treffens, das vom Élysée-Palast und vom damaligen Premierminister Manuel Valls boykottiert wurde. Collomb wurde nicht müde, Macron als letzte Chance auf Reformen in Frankreich vorzustellen. Seine Anregungen zur Erneuerung der Wahlkreisarbeit – direkte Ansprache über das Internet, aber auch lokale Mitmachangebote – waren für Macron sehr wertvoll. In Lyon hielt der Kandidat im Februar 2017 eine entscheidende Großkundgebung ab. Gérard Collomb sagte zum Auftakt: »Ich bringe eine lange politische Erfahrung mit, aber noch nie habe ich solche Inbrunst bei einem Präsidentenwahlkampf erlebt.« Als Macron in den Élysée-Palast einzog, standen Collomb Tränen in den Augen. Für den damals 69 Jahre alten Politiker ging ein lang gehegter Traum in Erfüllung: ein Reformer steht an der Spitze Frankreichs.

Als Innenminister zählt Collomb seither zu den Stützen der Regierung. Zu seinen wichtigsten Missionen zählt der Kampf gegen den islamistischen Terrorismus und die Flüchtlingspolitik. In beiden Bereichen hat sich Collomb vom linken Mainstream gelöst. Angesichts der Bedrohung durch islamistische Terroristen hat er ein denkbar hart gefasstes Gesetz zur öffentlichen Sicherheit verabschiedet, das die vorübergehende Einschränkung bürgerlicher Freiheiten erlaubt, solange es hilft, Anschläge zu vereiteln. Auch in der Flüchtlingspolitik steht Collomb für Kompromisslosigkeit. Während die Verfahren für schutzbedürftige Asylbewerber beschleunigt werden, geht der Innenminister erbarmungslos gegen ausweisungspflichtige Migranten vor. Bereits bei seinem ersten Besuch in der Hafenstadt Calais zeigte Collomb, dass er das Laisser-faire der Vorgängerregierungen nicht fortsetzen wollte. Er lehnte es in Calais strikt ab, für ungefähr 600 Migranten überwiegend afrikanischer Herkunft ein Notlager einzurichten, da dies wie ein Lockruf wirken würde. Collomb riet freiwilligen Helfern, sie sollten ihr Know-how anderswo anwenden. Es müsse um jeden Preis vermieden werden, dass sich an der Ärmelkanalküste wieder ein wildes Flüchtlingslager wie eine »Zyste« bilde.

Ein Bretone für die Abgeordneten: Richard Ferrand

Richard Ferrand hat sich für Emmanuel Macron unentbehrlich gemacht. Der Abgeordnete aus dem Finistère, dem westlichsten Landstrich der Bretagne, führt die 308 Abgeordnete zählende Regierungsfraktion in der Nationalversammlung. Im Alter von 54 Jahren gilt der Mann in der jungen Präsidentenbewegung schon als unglaublich erfahren und autoritätseinflößend. Dabei blickt Ferrand auch nur auf einen Erfahrungsschatz von fünf Jahren in der Nationalversammlung zurück. Als Hinterbänkler gehörte er der undisziplinierten sozialistischen Regierungsfraktion unter Präsident Hollande an. Sein Glück war, im Herbst 2014 zum rechten Moment auf den jungen Wirtschaftsminister Macron zu treffen. Es war Sympathie auf den ersten Blick, wie Ferrand einmal lachend erzählte. Als Macron sein Reformgesetz zur Liberalisierung mehrerer geschützter Berufe sowie zur Lockerung des Sonntags- und Feiertagsarbeitsverbots ins Parlament einbrachte, stand Ferrand als Berichterstatter im Parlament an seiner Seite. Die Arbeit schmiedete den störrischen Wahl-Bretonen und den smarten Minister zusammen.

Als Macron Anfang April 2016 seine Bewegung »En Marche« gründete, war Ferrand wieder zur Stelle. Damals konnte dieses Engagement noch nicht als sicherer Wetteinsatz gelten. Ferrand wurde Generalsekretär und brachte für die politische Aufbauarbeit seine Erfahrungen als sozialistischer Parteikader ein, der sich in der Bretagne vom Mitglied im Département-Rat in den Regionalrat bis in die Nationalversammlung hochgedient hatte. Während seiner langsamen Parteikarriere arbeitete er vierzehn Jahre lang als Generaldirektor für den Verband gemeinnütziger Krankenversicherungen in der Bretagne. Für eine sozialistische Parteilaufbahn war das ziemlich typisch. Der Filz um die PS und gemeinnützige Versicherer bildete den Hintergrund für mehrere Skandale. Über Ferrands Vergangenheit an der Spitze der bretonischen Krankenversicherung wurde dank Presseenthüllungen mehr bekannt, als dem Minister für territorialen Zusammenhalt recht sein konnte. Er musste seinen Kabinettsposten verlassen, nachdem Gerüchte aufkamen, dass er vor sieben Jahren seiner Lebensgefährtin ein lukratives Immobiliengeschäft zugeschanzt habe, mithilfe des Versicherungsverbandes. Die Staatsanwaltschaft hat Vorermittlungen aufgenommen, aber noch kein Verfahren eröffnet. Noch ist unklar, ob weitere Ermittlungen folgen.

Macron hat seinem getreuen Fraktionsvorsitzenden stets den Rücken gestärkt. Ferrand stammt ursprünglich aus Rodez im Aveyron im Süden des Zentralmassivs, einem wenig erschlossenen, nur dünn besiedelten Département. Einmal hat der bekennende Freimaurer darauf hingewiesen, dass er auch deshalb das Rampenlicht nicht schätzt und lieber hinter den Kulissen wirkt. Macron hatte die Idee, dass Ferrand in der Nationalversammlung am nützlichsten sein könnte. Die Presse berichtet nur selten über die Debatten im Parlament.

Der Königsmacher: François Bayrou

Am Ende seiner langen politischen Karriere hat François Bayrou durch Verzicht eine herausragende Rolle gespielt. Seine Entscheidung im Februar 2017, nicht gegen Emmanuel Macron anzutreten, sondern sich mit ihm zu verbünden, markierte einen Wendepunkt im Präsidentenwahlkampf. Bayrou wurde zum Königsmacher. Dabei hatte er selbst von der Rolle geträumt, die er Macron letztlich überließ. Im Jahr 2007 sah François Bayrou sich schon ganz nah an der Macht. 18,5 Prozent der Wähler hatten dem Zentristen im ersten Wahlgang der Präsidentenwahl ihre Stimme gegeben. Seither wollte Bayrou die Leitfigur einer neuen Bürgerbewegung jenseits der Parteigrenzen verkörpern. Bayrou gründete eine neue Partei, die »Demokratische Bewegung« (Modem), die weder links noch rechts sein sollte. Aber Bayrou gelang es nicht, das Lagerdenken zu überwinden. Die Zeit war noch nicht reif für ein großes Bündnis der Mitte.

Bayrou stammt aus dem Dorf Bordères, das am Fuße der Pyrenäen im Béarn liegt, der Heimat von König Henri IV. Über den König, der die Grundlagen des französischen Einheitsstaates legte und mit dem Edikt von Nantes Religionsfrieden schuf, hat Bayrou ein Buch geschrieben. Er wuchs als Bauernsohn auf, war als Kind ein Stotterer und muss in der Schule deshalb schrecklich gelitten haben. Nur in der Welt der Bücher, die er als Heranwachsender verschlang, fühlte er sich wohl. Zur Selbstbehauptung schlug er eine Lehrerlaufbahn ein, wie er rückblickend sagt. Den Altphilologen zog es aber auch in die Politik. Als er 23 Jahre alt war, starb sein Vater bei einem Unfall, und er musste seiner Mutter auch auf dem Hof helfen. Er schaffte es, alles miteinander zu vereinbaren, und wurde in der bürgerlich-liberalen Partei UDF zur geschätzten Nachwuchskraft. 1993 wurde er Bildungsminister, 1998 übernahm er die Führung der Partei UDF. Drei Mal, 2002, 2007 und 2012, trat er als liberaler Kandidat der Mitte bei den Präsidentschaftswahlen an. Seine Stärke war es stets gewesen, einen kritischen Blick auf den Pariser Politbetrieb zu werfen und das Wort für die ländlich geprägte Provinz zu ergreifen. Der 1951 geborene Vater von sechs Kindern ist ein leidenschaftlicher Pferdezüchter und hält sich zugute, mit dem gesunden Menschenverstand eines Bauern Politik zu betreiben. Zu seinen politischen Sternstunden zählt es, als er im Wahlkampf einen Jugendlichen ohrfeigte, weil dieser versucht hatte, ihm im Gedränge die Geldbörse zu entwenden. Obwohl die Linke ob dieser altmodischen Züchtigungsmethode aufschrie, erntete Bayrou für die Ohrfeige Anerkennung der meisten Franzosen.

Doch ausgerechnet sein hoher moralischer Anspruch sollte ihm zur politischen Falle werden. Als Justizminister mit dem Auftrag der »Moralisierung des politischen Lebens« wurde Bayrou für Präsident Macron unhaltbar, als seine Partei in den Verdacht illegaler Finanzierungsmethoden geriet. Nach nur einem Monat im Amt musste Bayrou zurücktreten. Er hat sich seither ins Rathaus von Pau zurückgezogen, dem er als Bürgermeister vorsteht. Die finanziell angeschlagene Partei Modem soll jahrelang ihre Mitarbeiter zu einer Querfinanzierung über parlamentarische Assistentenstellen im Europäischen Parlament gezwungen haben. Die Justiz ermittelt. Bayrou hat vermutlich als Königsmacher seine beste Rolle in Frankreich gehabt.

Der Schöngeist im Finanzministerium: Bruno Le Maire

Unter den Weggefährten Macrons nimmt Finanz- und Wirtschaftsminister Bruno Le Maire eine Sonderstellung ein. Er ist ein Überläufer der letzten Stunde und damit zugleich ein Pionier der bürgerlichen Rechten, die bei Macron eine neue politische Heimat sucht. Wie kein anderer verkörpert Le Maire ein Paradox. Er war politischer Hoffnungsträger der Rechten und zugleich Chronist ihres Niedergangs. Es steht zu erwarten, dass der literarisch veranlagte Absolvent der École normale supérieure (ENS) es sich nicht nehmen lassen wird, auch weiterhin kritisch Tagebuch zu führen. In drei Büchern hat Le Maire die Chirac- und die Sarkozy-Ära von innen beleuchtet. Der letzte Band, »Zeiten der Macht«, deckt die Auflösungserscheinungen im Präsidentenlager schonungslos auf. Als Europaminister von 2008 an (Nachfolger von Jean-Pierre Jouyet) und später als Landwirtschaftsminister hat Le Maire den erratischen Kurs Präsident Sarkozys miterlebt. Das trieb ihn dazu, Sarkozy herauszufordern, als dieser von einem politischen Comeback zu träumen begann. Bei der Mitgliederabstimmung über den Parteivorsitz im Dezember 2014 erhielt Le Maire knapp 30 Prozent der Stimmen – ein Achtungserfolg, den ihm Sarkozy lange verübeln sollte. Doch Le Maire hat sich damit als eigene Kraft auf der bürgerlichen Rechten etabliert.

Bei den offenen Vorwahlen seiner Partei im November 2016 hingegen verstand er es nicht, seine Glaubwürdigkeit als Kandidat der Erneuerung zu beweisen. Der so belesene, kluge Mann wirkte wie in einem engen Korsett gefangen. Dabei hatte er als Einziger auf eine Krawatte bei der ersten Fernsehdebatte verzichtet, seine Lässigkeit erschien allerdings zwanghaft. Nur 2,4 Prozent der Wähler stimmten für ihn, ein blamables Ergebnis, das ihn sofort dazu brachte, sich dem Bestplatzierten François Fillon anzuschließen. Diese Episode führte dazu, dass sich Le Maire der Öffentlichkeit als ehrgeiziger Opportunist einprägte, der sein Fähnlein stets nach dem Wind dreht. Doch gerade darin ist er seinem großen Vorbild, dem Schriftsteller René de Chateaubriand, ähnlich. Chateaubriand dokumentierte die Napoleon-Ära und schreckte nicht davor zurück, sich mit liebedienerischen Schriften beim Kaiser einzuschmeicheln.

Macron muss an Le Maire vor allem den unbestechlichen Beobachter der deutsch-französischen Beziehungen geschätzt haben. Seit Le Maire als Schüler einen Austausch in einer Gastfamilie in Bremen verbrachte, hat die deutsche Kultur den Absolventen von gleich drei französischen Eliteschmieden (»Sciences Po«, Ena, ENS) nicht losgelassen. Die gesamte Familie ist germanophil, Le Maires Bruder Eric ist mit einer Deutschen verheiratet. Le Maire wuchs mit fünf Geschwistern in einer sehr traditionellen Familie des Pariser Großbürgertums auf. Sein Vater gehörte zum gehobenen Management des Erdölkonzerns Total, seine Mutter war Direktorin an der Jesuitenschule »Franklin« im 16. Arrondissement, an der auch Brigitte Macron unterrichtete.

Le Maire gelangte frühzeitig zu der Überzeugung, dass französische Politik ohne eine gefestigte Beziehung zur jeweiligen Bundesregierung illusorisch ist. Beunruhigt stellte er fest, wie wenig sich deutsche und französische Entscheidungsträger kennen. In seinem fiktiven Roman über den Dirigenten Carlos Kleiber (Titel: »Musique absolue«) lässt er viele seiner Überlegungen einfließen. »Was sind Gefühle zwischen Freunden wert, die einander nicht kennen?«, fragt er darin etwa. Er setzt sich auch mit der deutschen Schuldfrage auseinander und gibt zu verstehen, dass die Bewunderung für das musikalische Genie Carlos Kleibers auch von der Hochachtung für dessen Vater Erich Kleiber genährt wird. Erich Kleiber hatte Nazi-Deutschland verlassen, obwohl er als Nichtjude nichts zu befürchten hatte, doch der Orchesterchef war kompromisslos und wollte weiterhin Komponisten wie Alban Berg dirigieren, dessen Musik den Nazis als entartet galt. Le Maire stellt die Entscheidung Kleibers, nach Argentinien auszuwandern, der angepassten Haltung Wilhelm Furtwänglers gegenüber. Letzterer blieb im Dritten Reich. »Es gibt keine Kunst, die nichts mit dem politischen Leben zu tun hat. Kunst kann nicht außerhalb der Geschichte bleiben. Man kann nicht dirigieren und so tun, als sei nichts passiert«, schreibt Le Maire in dem Buch. Zugleich gesteht er den jüngeren Generationen das Recht zu, nicht mehr für das Erbe ihrer Großväter in die Verantwortung gezogen werden zu wollen. »Deutschland will sich nicht mehr schuldig fühlen. Das ist in der Debatte fortan ein Fakt.« Man könne es den jungen Deutschen nicht vorwerfen.

Darüber hinaus hinterfragt er in »Absoluter Musik« den französischen Europa-Mythos. »Wir müssen uns von dem Mythos eines europäischen Aufbauwerks nach französischem Vorbild verabschieden. François Mitterrand hat uns dazu gebracht, Europa wie ein vergrößertes Frankreich zu betrachten. Aber das ist eine Lüge! Wenn es so wäre, dann würde Europa in Haushaltsfragen lasch sein, stattdessen verlangt Europa uns mehr Disziplin ab. Frankreich gestaltet Europa genauso sehr wie Europa uns gestaltet«, schreibt Le Maire.

In seinem 2014 erschienenen Buch »Zeiten der Macht« wirft er einen ernüchterten Blick auf das deutsch-französische Verhältnis. Er zitiert Präsident Sarkozy, der an seiner Machtlosigkeit zu verzweifeln schien: »Außerdem kann ich nichts machen ohne Merkel. Das ist die Wahrheit: Ohne Merkel kann ich nichts machen. Also ziehe ich mir Mutter Merkel rein: dreimal täglich, morgens, mittags, abends.« Vom Traumpaar »Merkozy«, wie es die deutsche Presse manchmal zeichnete, war das weit entfernt.

Le Maire zeigte sich schon damals beunruhigt von der »neuen deutschen Gleichgültigkeit« gegenüber Frankreich. Er pflegte die Beziehungen zum damaligen Finanzminister Wolfgang

Schäuble und zum Kanzleramtsminister Peter Altmaier. Das sollte ihm während des Wahlkampfs von François Fillon nützlich sein. So war er es, der im Januar 2017 Fillons Antrittsbesuch als Präsidentschaftskandidat bei der Bundeskanzlerin vorbereitet. Der Grüne Daniel Cohn-Bendit erzählt noch heute gern, wie er Le Maire nach einem Termin im Kanzleramt zufällig begegnete und ihn warnte, mit Fillon setze er aufs falsche Pferd. Einen Tag nach Fillons Gespräch mit Merkel sprengten die Enthüllungen der Wochenzeitung *Le Canard Enchainé* über die Begünstigung seiner Ehefrau wie eine Bombe die Wahlkampfplanung. Le Maire zählte zu den Ersten, die Fillon nach Eröffnung des Strafverfahrens fallen ließen.

Seine Beobachtungen zum deutsch-französischen Verhältnis decken sich mit dem Erfahrungshorizont, den Macron als Präsidentenberater und Wirtschaftsminister erwarb. »Die deutsch-französischen Beziehungen zerfasern. Mangels einer Perspektive für Europa rettet jeder, was er kann. Und nur aus nationalem Interesse, insbesondere um ihre Landesbanken vor einer Katastrophe zu retten, sind die Deutschen am Ende bereit, Griechenland zu retten«, schreibt Le Maire in »Zeiten der Macht«. Als Finanz- und Wirtschaftsminister hat der Deutschlandkenner jetzt die Aufgabe, genauso dieser Entwicklung entgegenzusteuern. »Meine Briefe sind nicht stumm, sondern beschwörend: Du kannst einfach nicht lesen«, zitiert Le Maire die Schriftstellerin Virginia Woolf. Nun muss er beweisen, dass Deutsche und Franzosen einander noch lesen können.

Kapitel 6

EUROPA MON AMOUR:

Macrons europäische Überzeugungen

Mit seinem Sieg über die Europa-Gegnerin Marine Le Pen hat Emmanuel Macron die EU vorerst vor dem Zerfall gerettet. Das Bekenntnis zu einer Vertiefung Europas, sein bei vielen Kundgebungen skandiertes »Wir aber lieben Europa« war sein politisches Alleinstellungsmerkmal im Wahlkampf. Seitdem will Macron auf das Versprechen einer Renaissance Europas Taten folgen lassen. Den Karlspreis, mit dem er im Mai 2018 ausgezeichnet wird, will er sich wirklich verdienen. Für einen europäischen Frühling aber braucht er Deutschland.

»Wenn Deutschland sich nicht bewegt, ist ein Teil meines Projekts zum Scheitern verurteilt«, warnt er im Gespräch mit der Autorin. »Wir sind komplett voneinander abhängig. Ich glaube nicht eine Sekunde, dass ein europäisches Projekt ohne oder gegen Deutschland Erfolg haben kann«, sagt er. Er kennt das Misstrauen, das sich im vergangenen Jahrzehnt gegen Frankreich aufgebaut hat und von Wortführern der AfD bis in die FDP und in die Reihen von CDU/CSU hinein geschürt wurde. Er weiß, wie stark in der deutschen Öffentlichkeit inzwischen die Meinung verbreitet ist, hinter jedem europäischen Vorstoß aus Paris verberge sich der Versuch, neue deutsche Geldtöpfe anzuzapfen. »Deutschland sollte das Risiko eingehen, uns Vertrauen zu schenken«, wirbt Macron. Er spricht von »falschen Vorstellungen wie derjenigen, dass Deutschland immer viel mehr bezahle als die anderen europäischen Mitgliedsstaaten oder für Frankreich bezahle«. Doch Macron bleibt optimistisch: »Aber die Wahrnehmung verändert sich. Das deutsch-französische Paar kann nur vorankommen, wenn es kein Ungleichgewicht zwischen uns gibt und Vertrauen vorherrscht. Wir müssen uns alles sagen und gemeinsam vorangehen«, sagt er.

Sein Ziel ist eine europäische Emanzipierung, ein »Aufbäumen Europas«, wie er es auch in seiner Neujahrsansprache formulierte. Besonders von den Deutschen erhofft er sich einen proeuropäischen Ruck. »Der vertraute Austausch mit unseren deutschen Freunden ist Vorbedingung für Fortschritt in Europa«, sagt er und ergänzt: »Wir sollten vorangehen und mit alten Gewohnheiten brechen.« Beide Länder müssten Lust darauf haben, gemeinsam die Zukunft zu gestalten. Der Austausch mit Deutschland schließe den Dialog mit den anderen europäischen Partnern nicht aus, »aber er ist der Anfang von allem«.

Der französische Präsident wandte sich in seiner Ansprache bewusst und zum ersten Mal an alle EU-Bürger: »Meine lieben europäischen Mitbürger, 2018 ist ein besonderes Jahr, und ich werde Sie in diesem Jahr brauchen.« Er wünsche sich, dass sie in Bürgerbefragungen sagten, »was sie für Europa wollen«. Damit meint er die Bürger-Konvente, die er in allen EU-Mitgliedsstaaten anstoßen will. Das Ergebnis dieser Konvente solle die Grundlage für ein neues »großes Projekt« bilden, über das in den Europawahlen 2019 abgestimmt werden müsse. Europa müsse »souveräner, geeinter und demokratischer« werden. »Gemeinsam dürfen wir den Nationalisten und den Skeptikern keinen Deut nachgeben«, plädierte Macron. »Ich glaube zutiefst, dass Europa zu einer wirtschaftlichen, sozialen, ökologischen und wissenschaftlichen Macht werden kann, die sich gegenüber China und den Vereinigten Staaten von Amerika behauptet (...)«, sagte er.

Macrons europäischer Gestaltungswille wird von der Einsicht getrieben, dass sich Europa von den unter Donald Trump unberechenbarer gewordenen USA emanzipieren muss, wenn es die liberale Ordnung bewahren will. Angela Merkel hatte diese Überzeugung am 28. Mai 2017 in einem Bierzelt in München-Trudering ebenfalls formuliert: »Die Zeiten, in denen wir uns auf andere völlig verlassen konnten, die sind ein Stück vorbei. Das habe ich in den letzten Tagen erlebt. Und deshalb kann ich nur sagen: Wir Europäer müssen unser Schicksal wirklich in unsere eigene Hand nehmen.« Merkel ergänzte: »Wir müssen selber für unsere Zukunft kämpfen, als Europäer, für unser Schicksal.« Sie sprach damals unter dem Eindruck ihrer ersten Erfahrungen mit dem amerikanischen Präsidenten Donald Trump.

Macron wird schon länger von der sehr französischen Idee geleitet, dass Europa dauerhaft nur bestehen kann, wenn es seine Abhängigkeit von Amerika verringert. Die Liberale Sylvie Goulard, eine der wichtigsten Unterstützerinnen Macrons, etwa meint: »Wir können Amerika dankbar sein, dass es uns so lange geschützt hat.« Aber fortan müsse sich Europa selbst schützen. Der Ausbau der europäischen Verteidigungskapazität sei kein Größenwahn, sondern eine dauerhafte Sicherheitsgarantie.

Angesichts des weltweit zu beobachtenden Rückfalls in nationale Machtpolitik, ob in Russland, in der Türkei und selbst in

Großbritannien, ist Macron zudem bestrebt, die europäische Währungs- und Wirtschaftsunion für künftige Krisen zu rüsten. Seine Analyse weicht hier allerdings von der deutschen Mainstream-Meinung ab: Er teilt nicht die Ansicht, dass sich in Europa im Großen und Ganzen nichts verändern muss. Seiner Ansicht nach sind in den Jahren der akuten Krisenrettungspolitik die strukturellen Schwächen der Euro-Zone nicht beseitigt worden. Die Euro-Zone sei für die nächste Krise genauso wenig gerüstet wie für die letzte. Deshalb will Macron während der derzeitigen Phase der konjunkturellen Erholung die Wirtschaftsunion vertiefen, die Bankenunion vollenden und der Euro-Zone einen Haushalt, eine Regierung sowie eine demokratische Kontrolle geben.

»Natürlich gibt es Bedenken im deutschen System, die so lauten: Ist Frankreich wirklich seriös? Stellt die Vergemeinschaftung in der Euro-Zone nicht nur eine Ausflucht dar, um den französischen Reformanstrengungen auf dem Arbeitsmarkt und bei den öffentlichen Finanzen zu entkommen?«, benennt er im Gespräch die deutschen Zweifel. Macron hofft, mit seinen entschlossenen Reformanstrengungen im Inneren eine Mehrheit der Deutschen von seiner Ernsthaftigkeit überzeugen zu können. Er lehnt es ab, europäische Fortschritte als Verrat an nationalen Interessen zu sehen. Vielmehr liege es auch im deutschen Interesse, dauerhaft von wohlhabenden, krisenfesten Ländern umgeben zu sein.

Deutschland verlangt Macron damit ab, wirtschaftspolitische Weichenstellungen viel stärker als bisher im gesamteuropäischen Kontext abzuwägen. Eine ernsthafte Debatte etwa über die nationale Politik der überhöhten Leistungsbilanzüberschüsse, wie sie vom Internationalen Währungsfonds (IWF) seit Langem gefordert wird, würde dann überfällig. Zugleich müsste auch der deutsche Narrativ der vergangenen europäischen Krisenjahre einer Prüfung unterzogen werden. War es wirklich so, dass an der deutschen Wirtschafts- und Finanzpolitik alles vorbildlich war?

Macron hat sich kritisch mit den verpassten Möglichkeiten seiner Vorgänger auseinandergesetzt, er hat Fehler eingestanden und Versäumnisse benannt. Der erste Haushalt der Ära Macron bleibt noch hinter der Erwartung zurück, die Staatsausgaben dauerhaft zurückzufahren. Aber insgesamt ist der Wille zur Veränderung bei den Strukturreformen, ob bei der Arbeitslosen- und der Rentenversicherung sowie bei der Berufsbildung und dem Lehrstellensystem nicht zu übersehen.

Um die Euro-Zone krisenfest zu machen, wird es aber vermutlich nicht reichen, dass alle mustergültig wirtschaften. Denn wenn diese Regel stimmen würde, wären die »Musterländer« Spanien und Irland gar nicht in die Krise gezogen worden. Beide Länder hatten bis 2008 Überschüsse in ihren Staatshaushalten. Mehr Druck und mehr Kontrollen der nationalen Haushaltsführung können also nicht die einzige Antwort auf mögliche Krisen bilden. Macron verlangt Deutschland ab, über etwas anderes als einen nochmals verschärften Stabilitätspakt nachzudenken. Eigentlich geht es dem Präsidenten darum, dass sich die Deutschen auf ihre europäische Bestimmung zurückbesinnen. So hohl viele Sonntagsreden von der europäischen Schicksalsgemeinschaft oft klingen, so ernst ist es Macron mit dieser »Schicksalsgemeinschaft«: »Die europäische Währung ist unser Gemeingut, dem wir uns als Europäer alle verpflichtet fühlen sollten.«

Der Präsident schildert sein Fernziel wie folgt: »Langfristig ist ein Euro-Zonen-Haushalt nach dem Vorbild des deutschen Länderfinanzausgleichs erstrebenswert. Aber wir sollten uns nicht so sehr auf die Instrumente konzentrieren, sonst bleibt es bei sehr theoretischen und juristischen Debatten. Ich bin davon überzeugt, dass wir uns auf die Finalität Europas verständigen müssen. Wohin streben wir? Was wollen wir gemeinsam machen?« Die Frage nach dem gemeinsamen Ziel Europas solle im Vordergrund stehen, nicht die Angst um mögliche Finanzierungsmittel. Denn schließlich gehe es um die gemeinsame Zukunft. »Sollten wir bei unseren Verteidigungsanstrengungen, im Kampf gegen den Klimawandel, bei der Digitalisierung, dem Schutz unserer gemeinsamen Außengrenzen und der Entwicklungshilfe stärker zusammenarbeiten wollen, was ich mir wünsche und vorschlage, dann müssen wir schrittweise unsere Mittel gemeinsam nutzen und unsere Investitionskapazität ausbauen«, sagt Macron. »Jedes Mal geht es um ganz konkrete Themen: Wir haben einen Fonds für Migrationsfragen, wir erhöhen das Budget für Frontex, um unsere Grenzen besser zu schützen. Zu einem gewissen Zeitpunkt werden wir einen Mechanismus brauchen, um Asyl und Integration zu steuern. Wir sind dabei, unsere verstärkte militärische Zusammenarbeit über einen europäischen Fonds zu finanzieren. Wir schaffen auf diese Weise finanzielle Mittel je nach Thematik, meistens auf intergouvernementaler Ebene«, führt er aus. »Im Grunde sind wir schon dabei, einen parallelen Haushalt zu schaffen. Noch handelt es sich um Haushaltsentscheidungen von Fall zu Fall«, sagt er. Ein universeller Haushalt werde bislang verweigert. Aber nach und nach werde sich die Frage eines neuen gemeinsamen Haushalts stellen. »Alle Staaten, die Teile ihrer Souveränität zusammengelegt haben, haben sich irgendwann zu einem gemeinsamen Haushalt entschlossen«, sagt Macron.

Anders als der SPD-Vorsitzende Martin Schulz lehnt er eine Perspektive der »Vereinigten Staaten von Europa« jedoch entschieden ab. Der Präsident glaubt nicht an die Überwindung oder Auflösung der Nationen. Er sieht die EU vielmehr als einzigartiges Gebilde, das den Nationen ihre Selbstbestimmungsrechte lässt, aber zugleich neue Möglichkeiten der supranationalen Zusammenarbeit eröffnet. Zudem teilt er nicht den autoritären Ansatz von Schulz, der unwillige Mitgliedsstaaten aus der EU verbannen will. Macron ist von der Notwendigkeit differenzierter Zusammenarbeit überzeugt, die bei Interesse allen Mitgliedsstaaten offensteht. Die unwilligen Mitgliedsstaaten dürften aber die anderen nicht daran hindern, in ihren Kooperationsprojekten voranzuschreiten.

Die Länder der Euro-Zone sieht Macron dabei als Sockel der vertieften Zusammenarbeit. »Wenn es uns gelingt, unsere Politik stärker gemeinsam auszurichten, dann sollten wir mit den betroffenen Staaten auch unsere Finanzmittel zusammenlegen«, sagt er. »Dann stellt sich eine andere delikate Frage: Brauchen wir eine Kreditaufnahmekapazität? Es geht nicht um Altschulden, sondern um Zukunftsinvestitionen. Eurobonds, um Altschulden zu finanzieren, sind inakzeptabel.« Damit weist er auch die weiterhin betriebene Propaganda von deutschen Ökonomen wie Hans-Werner Sinn oder Clemens Fuest zurück, wonach Macron es in Wahrheit auf Eurobonds abgesehen habe. Fuest etwa beschwerte sich in einem deutschen Radiogespräch kurz nach der französischen Präsidentenwahl am 10. Mai 2017 darüber, dass Macrons Forderung nach Eurobonds zu weit gehe – obwohl Macron diese im Wahlkampf gar nicht gefordert hatte.

»Aber was brauchen wir, wenn wir ein wirklich effizientes Europa wollen?«, fragt hingegen Macron. »Wir brauchen einen Haushalt der gemeinsamen Güter, den ich erwähnte. Die Währung gehört zu den gemeinsamen Gütern, die – wenn auch auf imperfekte Weise – die europäische Souveränität ausmachen. Müssen wir also die Währungsunion vertiefen? Ich bin davon überzeugt. Wir brauchen deshalb eine Reaktions- und Stabilisationsfähigkeit angesichts von Krisen. Man kann sich etwas vormachen, aber wir verfügen heute nicht über diese Fähigkeit«, bekundet der Präsident. »Wir müssen sie etappenweise aufbauen und unter Bedingungen, die jeder respektieren muss. Aber wir sollten diesen Weg erschließen: mit nationalen Reformen, einer Koordinierung unserer Wirtschaftspolitik in der Euro-Zone und einem Instrument, um auf Krisen reagieren und unsere Volkswirtschaften stabilisieren zu können. Es kann in der Zukunft nützlich sein, über eine Kreditaufnahmekapazität zu verfügen, um gemeinsame Güter zu finanzieren und in Krisen zu bestehen. Alle Wirtschaftsmächte verfügen darüber«, sagt Macron. Das bedeutet: Dem Präsidenten schwebt eine Art Masterplan vor, um schrittweise die Zusammenarbeit in der Euro-Zone zu vertiefen. Er strebt langfristig eine echte Fiskalunion an, die nicht nur aus dem Amt eines europäischen Finanzministers oder einem gemeinsamen Fonds für Investitionen besteht, sondern aus einer vorab definierten Steuerhoheit sowie dem Recht, eigene Schuldtitel auszugeben. Die politische Hoheit läge beim europäischen Finanzminister. Auch über die demokratische Kontrolle hat sich der Präsident Gedanken gemacht. »Wenn wir auf diese Integration hinsteuern, verlangt das mehr Verantwortungsbewusstsein. Deshalb verteidige ich die Idee eines ›Monsieur oder Madame Euro‹, die diese Koordinierung vor Europaabgeordneten aus den beteiligten Ländern zu verantworten haben. Dabei handelt es sich nicht um eine Versessenheit auf institutionelle Veränderungen«, sagt er. Der Präsident lässt bislang offen, wer dem parlamentarischen Kontrollorgan angehören soll.

Es hat sich der Eindruck festgesetzt, dass die Vorstellungen Macrons deutschen Wünschen zuwiderlaufen. Beim ersten deutsch-französischen Ministerrat nach der Wahl Macrons am 13. Juli 2017 hörte sich Angela Merkel jedoch ganz anders an. »Ich persönlich habe immer gesagt: Es kommt auf das Wie an. Ich habe nichts gegen ein Euro-Zonenbudget. Ich habe schon 2012 ein kleineres Euro-Zonenbudget vorgeschlagen und bin damals, das muss ich einfach so sagen, grandios gescheitert. Aber ich bin sehr froh, wenn der Gedanke wieder aufgebracht wird«, sagte Merkel in Paris. »Über einen europäischen Finanzminister kann man reden. Wir haben schon lange über die Wirtschaftsregierung und darüber, wie wir das machen, geredet. Ich denke, wir müssen uns auch die Methodik der Intensität der Zusammenarbeit in Europa noch einmal überlegen, um Projekte schneller fertig zu bekommen. Wir haben in Krisen immer gezeigt, dass wir etwas schnell können. Wenn keine Krise ist, dann geht es wieder langsam. (…) Deshalb werden wir Sie da, denke ich, noch sehr überraschen. Ein bisschen muss ja nach dem ersten deutsch-französischen Ministerrat auch noch übrig bleiben«, so die Kanzlerin.

Vermutlich liegen Frankreich und Deutschland in der Analyse gar nicht so weit auseinander, wie es scheint. Auch das lässt sich aus den Äußerungen Angela Merkels in Paris anlässlich des deutsch-französischen Ministerrats schließen: »Erstens sind wir uns einig, dass wir die Euro-Zone stabilisieren müssen und dass wir sie auch weiterentwickeln müssen. Wir wissen ja letztlich, dass Stillstand in Europa immer nah am Rückschritt ist. Insofern bedarf es einer Dynamik, und dazu gehört für mich die wirtschaftliche Konvergenz der Mitgliedsstaaten der Euro-Zone genauso wie Instrumente, die uns auch unabhängiger machen.

Deshalb halte ich zum Beispiel das Projekt, den ESM auch in Richtung der Funktionen weiterzuentwickeln, die wir heute global vom IWF kennen, für ein sehr gutes Projekt. Wir haben inzwischen ganz andere Voraussetzungen als die, die wir hatten, als die Griechenland-Krise zum ersten Mal auftrat.« Merkel betonte zudem: »Wir haben das äußerste Interesse daran, dass alle Länder in der Euro-Zone und in der Europäischen Union stark sind.« Beim EU-Gipfel Mitte Dezember 2017 gab Merkel außerdem das Versprechen, zusammen mit Frankreich »in den nächsten drei Monaten« konkrete Vorschläge ausarbeiten zu wollen, die nach Möglichkeit beim EU-Gipfel im Juni 2018 zu Entscheidungen führen.

Macron schätzt Merkel, er bewundert ihren Erfahrungsschatz und ihre nüchterne, sachliche Art. Diese zu verstehen, dabei habe ihm seine Arbeit mit dem protestantischen Philosophen Paul Ricœur geholfen. »In einem Konkurrenzverhältnis zu Merkel sieht sich der junge Präsident nicht. »Ich möchte nicht derjenige sein, der Europa anführt«, sagte er dem *Time*-Magazin. Täglich steht er im Kontakt mit dem Bundeskanzleramt.

Sein Verhältnis zu Martin Schulz ist merklich kühler. Es irritierte ihn, dass Schulz im Bundestagswahlkampf nicht beherzter für Fortschritte in der EU eintrat und erst nach seinem schlechten Abschneiden Europa wiederentdeckte, dann aber mit der Idee der »Vereinigten Staaten von Europa« sofort überzog. Das hält Macron für nicht hilfreich. Mit Sigmar Gabriel hingegen unterhält er eine enge freundschaftliche Beziehung, die auf ihre gemeinsame Zeit in den Wirtschaftsministerien beider Länder zurückgeht. Gabriel hat Macron einen Glücksfall für Europa genannt.

Einen engen Draht hat Macron auch zu Peter Altmaier. Er zählt zu denjenigen in der CDU, die auf Macrons Europa-Initiative mit konstruktiven Vorschlägen reagieren wollen. Altmaier hält Macron zugute, »eine neue Sprache für Europa zu finden«. Tatsächlich setzt Macron zusätzlich zu seinen sehr konkreten, aber oftmals technischen Vorschlägen zur Vertiefung der EU auf die Kraft von Symbolen. Seit seiner Siegesfeier am Wahlabend am Louvre hat sich Beethovens »Ode an die Freude« als musikalisches Logo für den proeuropäischen Wandel eingeprägt. Die musikalische Botschaft der Inszenierung zum Wahlsieg war ausgesprochen ungewöhnlich, wenn man sie mit dem sehr nationalen Repertoire von Macrons Vorgängern vergleicht. Nicolas Sarkozy ließ an seinem Wahlabend Mireille Mathieu die französische Nationalhymne singen. »Allons enfants de la patrie! Marschieren wir, marschieren wir! Unreines Blut tränke unsere Furchen!«, trällerte der »Spatz von Paris«. François Hollande feierte seinen Sieg zu den Tönen von Edith Piafs »La vie en rose«: »Ein großes Glück ergreift Besitz, Kummer und Leid vergehen. Glücklich, zum Sterben glücklich.« Zwei Akkordeonspieler umrahmten den frisch gewählten Präsidenten.

Macron hingegen unterstrich bereits am Wahlabend seinen europäischen Tatendrang musikalisch. Die Botschaft richtete sich besonders an Deutschland: Hatte nicht der amerikanische Dirigent Leonard Bernstein kurze Zeit nach dem Fall der Berliner Mauer zu Weihnachten 1989 an der Philharmonie und im Schauspielhaus am Gendarmenmarkt, im Westen und im Osten Berlins, Beethovens Neunte Symphonie aufgeführt? Bernstein hatte damals kurzerhand die »Ode an die Freude« in eine »Ode an die Freiheit« umgewidmet. Macron feierte kurz vor Weihnachten 1989 seinen zwölften Geburtstag, und die Fernsehbilder aus Berlin in diesen Wochen haben sich ihm ins Gedächtnis eingebrannt: jubelnde Menschen, die sich in den Armen liegen, der

Cellist Mistlav Rostropovich, der am Checkpoint Charlie Johann Sebastian Bach spielt, seinen Lieblingskomponisten, Helmut Kohl, der sich zum Kanzler der Wiedervereinigung in einem vertieften Europa aufschwingt.

Nun ist der jüngste Staatschef Frankreichs seit Napoleon Bonaparte nicht immer so innovativ, wie es auf den ersten Blick den Anschein hat. Er beherrscht vielmehr die Kunst, Altes in einem neuen Glanz erscheinen zu lassen. Diese Fähigkeit ist sogar sein markantestes Merkmal in der Europapolitik. Tatsächlich gibt es für die feierliche Zeremonie zu den Tönen der Neunten Symphonie ein historisches Vorbild: François Mitterrand, der erste sozialistische Präsident der V. Republik, bat am Tag seiner Amtseinführung am 21. Mai 1981 das Pariser Orchester unter Leitung von Daniel Barenboim, die »Ode an die Freude« zu spielen. Barenboim hatte »Pomp and Circumstance« von Edward Elgar vorgeschlagen, um Mitterrands Gang durch das Pantheon, die Ruhmeshalle der großen Franzosen, musikalisch zu begleiten. Dem Sozialisten aber war Beethovens Ode schon damals als europäisches Symbol wichtig, auch wenn sie nur vom Europarat anerkannt und erst 1985 von der Europäischen Gemeinschaft zur offiziellen Hymne erhoben wurde. Barenboim hat Macron diese Anekdote bei einer persönlichen Begegnung in Paris erzählt. Und dem jungen Wahlsieger so gestattet, sich musikalisch auch vor Mitterrand, dem großen Europäer, zu verbeugen. Macron hat seine Siegesfeier zugleich in Szene gesetzt wie einen Initiationsritus bei den Freimaurern, unter denen er viele Freunde hat, vom Dunkel ins Licht strebend und vor der Kulisse der Pyramide des Louvre, die »das Auge der Vorsehung« symbolisieren könnte.

Frühzeitig hat der Kandidat das Bedürfnis nach starken Symbolen erkannt, nach Botschaften, die über das alltägliche Spiel der Politik Bestand haben. War nicht gerade in Frankreich der Verdruss über Europa besonders groß geworden und die EU zum Synonym für Missstände wie Bürgerferne, Überreglementierung, nationalstaatlichem Kontrollverlust und schutzloser Preisgabe angesichts des harschen weltweiten Wettbewerbs? Den Erfolg der rechtspopulistischen Partei Marine Le Pens, die bei den Europawahlen 2014 mit mehr als 25 Prozent der Stimmen als stärkste Fraktion aus Frankreich ins Europäische Parlament einzog, hat Macron genau analysiert. Gegen ihr Gedankengut, gegen die Verheißung des Rückzugs ins Nationale, hat er gekämpft und seine Mehrheit gewonnen. Er glaubt, dass europäische Routine und ein paar nette Freundschaftsgesten künftig nicht ausreichen, um die Europaskepsis zu überwinden. Deshalb schlägt er etwas großsprecherisch eine »Neu-Begründung« Europas vor. Er versucht es mit Grandezza, damit die europäische Einigung die Menschen wieder in ihren Bann schlägt, mit einem verbindenden Storytelling, in dem sich die Bürger wiedererkennen. Der Germanist Sylvain Fort, der ihm als Berater und Redenschreiber zur Seite steht, sieht darin die Aufgabe eines europäisch denkenden Präsidenten. Er müsse Identifikationsfiguren aufzeigen und selbst eine sein, erinnern und fortschreiben, warum die Europäer zusammenstreben sollten. Dazu brauche es Leidenschaft und große Gesten.

Das mag vermessen klingen, aber diese Mission hat Macron sich gegeben, nicht aus einer plötzlichen Eingebung in seinem Wahlkampf heraus, sondern aus einer langsam gereiften Einsicht. Darum hat er auch unverzüglich die Europaflagge als offizielles Symbol anerkannt. Zuvor war von dem Linkspopulisten Jean-Luc Mélenchon verlangt worden, die Europaflagge aus der Nationalversammlung entfernen zu lassen.

»Wir haben eine immense Rolle: Wir müssen die Exzesse des Weltgeschehens korrigieren und wachsam die Freiheitsrechte verteidigen. Das ist unsere Berufung. Um dies zu machen, brauchen wir ein effizienteres, ein demokratischeres und ein politischeres Europa, denn Europa ist das Instrument unserer Macht und unserer Souveränität.« In diesen drei Sätzen seiner Antrittsrede am Tag seiner Amtseinführung am 14. Mai 2017 hat Macron sein Selbstverständnis als europäischer Staatenlenker formuliert. Es ist ein Tag ganz im Glanze des ehernen französischen Rituals. Als die dunkle Limousine Macrons eskortiert von einer Motorradstaffel im Innenhof des Élysée-Palastes einfährt, spielen die Musiker der republikanischen Garde einen feierlichen Marsch. Der neu gewählte Präsident schreitet gemessenen Schrittes über den roten Teppich. Auf der untersten Treppenstufe des Élysée-Palastes wartet schon sein Vorgänger François Hollande. Hollande hat den Jüngeren gefördert, bis er ihm enteilt ist. In der Presse hat Hollande den »Verrat« beklagt. Macron spricht von »Emanzipation«. Niemand weiß, was sie sich bei ihrem letzten Gespräch im Élysée-Palast gesagt haben. Die Reiter der Republikanischen Garde zu Pferde stehen Spalier. Im Salle de Fêtes, dem früheren Ballsaal, warten die geladenen Gäste, die Würdenträger der Republik, hohe Beamte, politische Wegbegleiter, Förderer, künftige Minister und einige Journalisten. Elegant gekleidete Damen versenken ihre Stöckelschuhe im dichten rot-goldenen Teppich, der Familienclan von Emmanuel und Brigitte Macron ist, so wirkt es zumindest, komplett erschienen. Der jüngste Präsident der V. Republik ist dank seiner Frau siebenfacher Großvater. Alles im Festsaal glänzt, die Vergoldungen, die Kristalllüster, die Helme der Republikanischen Garde und besonders die Kette des Großmeisters der Ehrenlegion auf einem roten Samtkissen. Diese Kette aus massivem Gold geht auf Napoleon Bonaparte zurück und symbolisiert, dass der Präsident die wichtigsten Entscheidungen der Nation trifft. Auf jedem Glied kündet ein anderes Motiv von den Fertigkeiten und Künsten Frankreichs. Eine Eule symbolisiert die Wissenschaften, ein Vogel die Luftfahrt, ein Buch und eine Feder die Literatur. Auf der Rückseite der Kette sind die Namen der Präsidenten und das Jahr ihrer Wahl eingraviert. Mehrere Ketten sind schon Museumsstücke, die jetzt genutzte ist seit 1953 im Dienst. Nicolas Sarkozy hat sich bei der Marine verewigt, Hollande bekam die Panzer zugeteilt. Macron werden Industrie und Handel zugeschrieben, dargestellt durch den Gott Merkur. »Freude, schöner Götterfunken!«: Aber im Élysée-Palast erklingen andere Töne. 21 Salutschüsse, abgegeben von den Kanonen auf dem Invalidenplatz, begrüßen den neuen Präsidenten. Das Ritual geht auf die Monarchie zurück: Im Ancien Régime wurden der Tod des Königs und die Thronbesteigung seines Nachfolgers durch 101 Kanonenschüsse verkündet.

Macron leitet die Überzeugung, dass die Gestalt des Königs wie ein »großer Abwesender« die Politik bis heute bestimme. Das gesamte politische System baue auf diesem Paradox. Die Franzosen wählten einen König, den sie jederzeit wieder stürzen möchten. Diese Dimension der Franzosen als »königsmordende Monarchisten« hat Macron fest im Blick, wenn er sich Europa nähert. Auch dies begründet seinen Wunsch, ihnen wieder eine umfassende Erzählung zu bieten, in der alle Stränge zusammenlaufen: die große, von Monarchie, Revolution, Kaiserreich und zwei Weltkriegen geprägte Geschichte Frankreichs und die europäische Bestimmung des Landes als Teil eines friedlichen und weltoffenen Kontinents. Er will den Nationalstaat und seine großen Traditionen nicht überwinden, sondern mit dem europäischen Einigungsprozess versöhnen. Das steht hinter dem Begriff der »europäischen Souveränität«, den er so gern verwendet. Er versteht darunter nicht etwa eine Verstaatlichung der EU oder deren Ausbau zu einem die Nationalstaaten ersetzenden Zentralstaat. Vielmehr soll der Begriff von der »europäischen Souveränität« den Franzosen verständlich machen, dass es angesichts der Größe der Herausforderungen etwa beim Klimaschutz, bei der Verteidigung oder im Hinblick auf die Migrantenströme effizienter wäre, wenn die Europäer ihre Souveränität auf diesen Gebieten gemeinsam ausübten.

»Durch Europa muss ein Ruck gehen«, forderte Macron am 10. Januar 2017 an der Humboldt-Universität in Berlin und gab damit seinem Wahlkampf ein Leitmotiv. Bei seiner ersten großen Wahlkundgebung an der Porte de Versailles in Paris am 10. Dezember 2016 hatte er gesagt: »Ich kann Sie beruhigen, wir haben bei diesem Thema nicht viel Konkurrenz. Niemand will mehr über Europa reden. Als ich die Kandidaten für die französischen Präsidentenwahlen und für die Vorwahlen betrachtete, da habe ich nur Antieuropäer und Europaskeptiker erblickt.« Zu diesem Zeitpunkt liegt ein irrwitziger Monat hinter ihm: Am 16. November 2016 hat er angekündigt, dass er bei den Präsidentenwahlen kandidiert. Sein mutmaßlich gefährlichster Gegner heißt da noch Alain Juppé, ein überzeugter Europäer aus der bürgerlichen Mitte, der als Favorit in die Vorwahlen seiner Partei »Die Republikaner« zieht. Doch am 27. November 2016 ist der Europäer Juppé erledigt, in der Stichwahl hat der Anwalt einer konservativen Revolution, François Fillon, haushoch gewonnen. Aber es kommt noch besser für Macron. Am 1. Dezember 2016 kündigt Präsident Hollande mit tränenerstickter

Stimme im Fernsehen an, nicht für ein weiteres Mandat kandidieren zu wollen.

Die Dynamik des Wahlkampfes verändert sich damit entscheidend: Macrons Europabegeisterung wird zum Alleinstellungsmerkmal im politischen Wettstreit. Europa wird das Bindeglied, um die alte Spaltung zwischen rechts und links zu überwinden. Seinem Bekenntnis zur europäischen Öffnung verdankt er, dass das wohl gewagteste Experiment der Nachkriegszeit gelingt. Aus dem Stand heraus kann er eine neue Mehrheit bilden, die entlang des Europacredos Sozialisten, Liberale, Grüne und bürgerliche Rechte vereint.

Die Rechtspopulistin Marine Le Pen wirbt mit der Abkehr von Europa und dem Euro. Der Kandidat der Linkspartei »Unbeugsames Frankreich«, Jean-Luc Mélenchon, verheißt ein Kräftemessen mit der Bundeskanzlerin, in dem ein französisches Ausstiegsszenario als Drohkulisse eingesetzt wird. »Aber wir, meine Freunde, wir lieben Europa! Wir wollen Europa!«, ruft Macron seinen Anhängern zu. Er zieht als Mutmacher durch den Wahlkampf, der zum ersten Mal seit dem Referendum über den europäischen Verfassungsvertrag Ende Mai 2005 das Europathema anders als mit einer Defensivstrategie besetzt. Das damalige »Non« von annähernd 55 Prozent der Wähler zu dem Vertragswerk sieht Macron als Zäsur. Beim Referendum über den Maastrichter Vertrag im September 1992 war er vierzehn Jahre alt und noch nicht stimmberechtigt. Schon damals zeichnete sich eine wachsende Europaskepsis in der Bevölkerung ab. Nur knapp über 51 Prozent der Franzosen sprachen sich für den Vertrag von Maastricht und die Einführung des Euro als Gemeinschaftswährung aus. Doch in Macrons Wahrnehmung steht Maastricht und damit die Wirtschafts- und Währungsunion nicht mehr zur Disposition. Ein Zurück in Zeiten des Francs kann es für ihn nicht geben. Mit diesem Perspektivenwechsel kann er eine Mehrheit seiner Landsleute überzeugen.

Macron liegt in seiner Analyse richtig, dass das Referendumstrauma von 2005 nicht überwunden ist. Bei diesem Datum setzt sein Storytelling im Wahlkampf ein. 2005 habe einen »Denkstopp« markiert, »und ich muss sagen, Frankreich und Deutschland hatten das perfekte Rezept für eine solche Blockade. Sie müssen nur mit einem Deutschen über Finanztransfers reden, und schon ist die Diskussion vorbei. Sprechen Sie mit einem Franzosen über schwierige Reformen, und die Diskussion ist ebenfalls beendet. Im vergangenen Jahrzehnt sind wir gemeinsam gescheitert, eine neue Phase im europäischen Einigungsprozess einzuleiten, und das lag an dieser verrückten Choreografie, die ich beenden will«, sagt Macron an der Humboldt-Universität.

Den Ort hat er mit Bedacht gewählt. In der ersten Reihe sitzt Joschka Fischer, der ehemalige grüne Außenminister, der hier siebzehn Jahre zuvor an die Europäer appellierte, sich eine Verfassung zu geben. Die Rede Mitte Mai 2000 markiert den vorerst letzten Versuch eines deutschen Politikers, eine Vision für Europa öffentlich darzulegen. Die langjährige Europaabgeordnete in der liberalen Fraktion, Sylvie Goulard, die Macron im Wahlkampf in der Europapolitik berät, wird noch heute zornig, wenn sie über die ausbleibende Reaktion Frankreichs spricht. Mit »ohrenbetäubendem Schweigen« habe Paris damals geantwortet, ein schwerwiegender Fehler aus ihrer Sicht, den Macron zu beheben verspricht. Deshalb hat sie sich ihm angeschlossen, lange bevor sich abzeichnet, dass er im Präsidentschaftswahlkampf eine

Chance haben könnte. Goulard erlebt mit, wie Präsident Hollande den europäischen Ehrgeiz seines Ende August 2016 zurückgetretenen Wirtschaftsministers einzuhegen versucht. Als Macron Ende September 2016 die »progressiven Kräfte Europas« zu einem Gipfeltreffen in Lyon versammeln will, sagen der italienische Ministerpräsident Matteo Renzi und der SPD-Vorsitzende Sigmar Gabriel ab. Aus dem Élysée-Palast war die Empfehlung an sie ergangen, nicht nach Lyon zu reisen, heißt es, damals strebte Hollande noch ein zweites Präsidentenmandat an. Auch der EU-Kommissar Pierre Moscovici verzichtet wegen plötzlicher Terminschwierigkeiten auf seine Teilnahme. Macron kann sich vergewissern, wer in der Europapolitik wirklich an seiner Seite steht, Goulard gehört dazu. »Wir haben viel zu lange zugelassen, dass eine irreführende Idee von der EU verbreitet wurde. (...) Die Angst und das Misstrauen haben den Platz eingenommen, den wir nicht ausfüllten. Aber eigentlich steht im Herzen Europas ein dreifaches Versprechen: ein Versprechen von Frieden, von Wohlstand und von Freiheit«, sagt Macron am 24. September 2016 in Lyon. Diesem Erbe wolle er sich würdig erweisen, indem er den Parteien an den äußeren Rändern nicht das Monopol der EU-Kritik überlasse. Er kämpfe gegen den kollektiven Defätismus der europäischen Verantwortlichen, die sich aus Angst vor den Populisten nicht aus der Deckung wagen.

Es nagt schon damals an ihm die Einsicht, dass europäische Fortschritte zwischen 2012 und 2017 am reformerischen Kleinmut Präsident Hollandes gescheitert sind. Laurence Boone, die ihm als Wirtschaftsberaterin im Élysée-Palast nachgefolgt ist, lobt rückblickend Macrons »außergewöhnlichen Mut«. Sie habe es unzählige Male erlebt, wie er als Wirtschaftsminister tapfer und manchmal waghalsig gegen den Mainstream argumentierte. Er sei jedoch enttäuscht gewesen, dass der Präsident seine Verhandlungsspielräume immer stärker beschnitten habe. Hollande ließ Macron in der Regierungshierarchie zurückstufen und stützte sich lieber auf den Finanzminister Michel Sapin, seinen ehemaligen Stubenkameraden beim Wehrdienst. Diese zunehmende Isolierung habe letztendlich zur Loslösung von Hollande geführt, glaubt Boone.

Macron ist politisch noch ein unbeschriebenes Blatt, als er sich 2011 frühzeitig dem Wahlkampfteam Hollandes anschließt. Damit zählt er nicht zu den Überläufern, die nach dem blamablen Ausscheiden des aussichtsreichsten Präsidentenanwärters Dominique Strauss-Kahn nach dem Sexskandal in New York im Mai 2011 zu Hollande stoßen. Macron ist finanziell unabhängig, er arbeitet in dieser Zeit als Investmentbanker bei Rothschild und ist nicht darauf angewiesen, bei Hollande auf einen Posten zu hoffen. Das unterscheidet ihn von etlichen Beratern, die um den Präsidentschaftskandidaten der Sozialisten kreisen.

Laurence Boone, die damals als Chefökonomin bei der Bank of America Merril Lynch arbeitet, lädt Macron zu einer Investorenversammlung ein, damit er das Wirtschaftsprogramm Hollandes erläutert. Er habe die Gäste ziemlich verschreckt, erinnert sich Boone, weil er Hollandes linkslastige Vorschläge so überzeugend verteidigte. Für den konservativen Kandidaten Nicolas Sarkozy tritt Bruno Le Maire vor die Merril-Lynch-Gäste, um dessen Wirtschaftsprogramm vorzustellen. Die Investoren atmeten 2012 auf, als sie Le Maire vernahmen. Heute ist Le Maire Macrons Finanzminister. Macron hat andere Erinnerungen an den Auftritt: »Während des Wahlkampfes 2011/12 habe ich den Investoren nicht gesagt, dass wir den Fiskalpakt nicht ratifizieren werden. Ich sagte Ihnen: Europa braucht einen mehr solidarischen Mix aus Konsolidierung und Investitionen. Mir war immer klar, dass der Fiskalpakt allein ein Fehler war. Ich habe das immer gesagt. Aber ich stellte damals die französischen Reformen als Teil der Neuausrichtung Europas vor, so wie sie konzipiert und vorgesehen waren«, sagt er im Gespräch mit der Autorin. Das Problem sei durch den ausbleibenden französischen Reformpart entstanden.

Zu Beginn seiner Amtszeit ist Hollande davon überzeugt, Merkel zu einer Neuverhandlung des Fiskalpaktes bringen zu können. Am 12. Juni 2012 lädt er die Sozialdemokraten Sigmar Gabriel, Frank-Walter Steinmeier und Peer Steinbrück in den Élysée-Palast, um den europäischen Fiskalpakt zu hintertreiben. Macron erkennt schneller als Hollande, dass eine Nichtratifizierung des Fiskalpaktes keine ernsthafte Option für Frankreich ist. Er warnt den Präsidenten davor, dass dies auf den Finanzmärkten als Signal für mangelnde haushaltspolitische Seriosität verstanden würde. Er hat das Auge fest auf den »Spread«, den Zinsunterschied zwischen deutschen und französischen Staatsanleihen, gerichtet. Die SPD stimmt im Bundestag mit für den Fiskalpakt. Es bleibt das, was Hollande öffentlich »freundschaftliche Spannungen mit Deutschland« nennt.

»Die Haltung der SPD war keine Überraschung für mich. Ich weiß, dass eine große Mehrheit hinter der Stabilitätskultur steht. Die Beziehung zu finanzieller Solidarität und Transferleistungen ist in Deutschland ganz anders als in Frankreich. Das ist mehr eine nationale Frage als eine der parteipolitischen Zugehörigkeit«, sagt Macron rückblickend. Es sei ein Fehler gewesen, »achtzehn Monate abzuwarten, bis mit den ersten Reformen begonnen wurde, und dann auch noch auf so unleserliche Weise, weil man glaubte, das würde den Widerstand brechen.« Macron urteilt: »Die schwerste Reform zum Arbeitsrecht ist ganz zum Schluss in Angriff genommen worden. Da wir nicht rechtzeitig die Reformen geschafft haben, verloren wir die Glaubwürdigkeit gegenüber Deutschland.«

Macron sieht in der Rückschau vor allem innerfranzösische Gründe, warum es nur geringe europäische Fortschritte gab: »Wir haben Dinge angekündigt, die wir nicht vollendeten, und danach haben wir die Dossiers getrennt behandelt. Um keine Krise mit Deutschland heraufzubeschwören, haben wir den europäischen Fiskalpakt ratifiziert. Um keine Krise im Landesinneren zu erleben, haben wir die Reformen aufgeschoben. Auf diese Weise sind wir in ein politisches No man's land gesteuert. Wir haben auf beiden Ebenen verloren.«

Die deutsch-französische Zusammenarbeit funktioniert trotz der mangelnden Reformanstrengungen. Mit Meyer-Landrut im Bundeskanzleramt erarbeitet Macron eine von gegenseitigem Respekt geprägte Arbeitsgrundlage. »Emmanuel« und »Nikolaus« unterhalten sich auf Französisch, fast täglich am Telefon. Regelmäßig treffen sie sich. Sie arbeiten für ihre Chefs eine deutsch-französische Absichtserklärung aus, die Ende Mai 2013 vorgestellt wird: mehr Reformen und Haushaltssanierung gegen Investitionen und die Vertiefung der Euro-Zone mit eigenem Budget und parlamentarischer Kontrolle.

Im Dezember 2013 glauben Macron und Meyer-Landrut ihr Ziel erreicht zu haben. In Berlin hat sich nach den Bundestagswahlen gerade die Große Koalition gebildet, es liegen fast vier gemeinsame Jahre vor Merkel und Hollande. Die Bundeskanzlerin will beim nächsten EU-Gipfel einen eigenen Fonds für die Euro-Zone vorschlagen. Er soll Reformanstrengungen der Mitgliedsstaaten unterstützen und durch eine eigene Steuer, etwa die Abgabe auf Finanztransaktionen, gespeist werden. Er wäre der Kern eines eigenen Budgets für die Euro-Zone und ist damit genau das, was Macron anstrebt.

Am 19. Dezember 2013 kommt Merkel zum Antrittsbesuch nach Paris. Philippe Léglise-Costa, der Europaberater Hollandes, rät dem Präsidenten in letzter Minute vom deutsch-französischen Vorstoß ab. Léglise-Costa ist ein Zögling des früheren sozialistischen Außenministers Hubert Védrine, der inzwischen für eine »Pause« im europäischen Einigungsprozess plädiert. Der Europaberater warnt den Präsidenten davor, das Euro-Budget an die Reformverträge zu knüpfen. Darin unterscheidet er sich fundamental von Macron, dem vollkommen klar ist, dass Solidarität und Verantwortung nicht entkoppelt werden können. Hollande beerdigt die Initiative still und leise. Beim nächsten EU-Gipfel steht Merkel allein.

Für Macron ist diese Erfahrung prägend. Er glaubt, er könne da ansetzen, wo Hollande scheiterte. Die Frage, die sich sein damaliger Counterpart Meyer-Landrut stellt, ist eine andere: Wird die Bundeskanzlerin noch einmal über den Handlungsspielraum vom Jahresende 2013 verfügen?

Macron ist überzeugt davon, dass es die Aufgabe seiner Generation ist, Europa neu zu begründen. Andernfalls werde sie als Totengräber des Gemeinschaftswerks in die Geschichte eingehen. Mit diesem Schicksal will sich Macron nicht abfinden. Nichts prädestiniert den hochbegabten Schüler aus Amiens zu dieser europäischen Berufung. Als seine Altersgenossen als Rucksacktouristen oder als Erasmus-Studenten Europa erkunden, schlägt Macron einen sehr französischen Königsweg ein: Nach der Reifeprüfung am Pariser Lyzeum Henri IV. bereitet er sich an der Eliteschule in der Hauptstadt auf die École Normale Supérieure vor. Berühmte Schriftsteller und Philosophen wie Sartre, Foucault, Derrida, Hyppolite, Althusser und Beauvoir studierten an der »Normal Sup«, aber Macron scheitert gleich zwei Mal an der Aufnahmeprüfung. »Sciences Po«, das angesehene Institut für Politische Wissenschaft, nimmt ihn auf, vom literarischen gelangt er auf einen mehr politischen Pfad. Er besteht die Aufnahmeprüfung zur École nationale d'administration (Ena). Aber während seiner Zeit an der Kaderschmiede für die staatliche Führungselite in Straßburg bricht er nicht wie viele seiner Ena-Kameraden zu Entdeckungstouren auf die deutsche Rheinseite auf. Nein, Macron ist bereits so eng mit der Lehrerin Brigitte Auzière liiert, dass es ihn bei jeder Gelegenheit zurück nach Paris zieht. Das europäische Lebensgefühl seiner Generation, die der Kinoschlager »L'auberge espagnole – Barcelona für ein Jahr« des französischen Filmemachers Cédric Klapisch einfängt, ist nicht seines.

An der Ena schneidet er als Fünfter seines Jahrgangs ab, so dass er in das Korps der Finanzinspektoren aufgenommen wird, eines der drei großen französischen Staatskorps, das 1801 begründet wurde. Ausgerechnet in der traditionsreichen »Inspection Générale de Finances« (IGF) beginnt Macrons europäische Erweckung. Macron trifft auf Jean-Pierre Jouyet, seinen Vorgesetzten von 2005 bis 2007 und einen der aktivsten Europäer, der von 1991 bis 1995 im Büro des damaligen EU-Kommissionspräsidenten Jacques Delors in Brüssel wirkte, zum Schluss als dessen Büroleiter. Es ist eine für Europa wegweisende Zeit: Die Franzosen sind wie die Niederländer aufgerufen, über den unter Federführung des französischen Altpräsidenten Valéry Giscard d'Estaing ausgehandelten europäischen Verfassungsvertrag in einem Referendum abzustimmen. Überall in Frankreich werden Debatten organisiert, Politiker reisen durch die Provinz, Bürgervereine laden zu Diskussionsrunden ein, in den Printmedien, im Radio und im Fernsehen gibt es wochenlang kein anderes Thema. Die Referendumskampagne enthüllt politische Talente und beendet Karrieren (die von Präsident Jacques Chirac). Macron ist fasziniert.

Als Protégé Jouyets erlebt er, wie sehr das europäische Vertiefungsprojekt spaltet, die Sozialistische Partei trotz einer Mitgliederbefragung zerreißt. Jouyet steht auf der Seite seines früheren Ena-Kameraden und Freundes, Parteichef François Hollande, der vom früheren Premierminister Laurent Fabius verraten wird. Eine Mehrheit an der sozialistischen Basis stimmt letztendlich gegen das Vertragswerk, Fabius hat sich durchgesetzt. Macron verfolgt das Debakel der Europaverteidiger gebannt. In vielen Gesprächen mit Jouyet erwirbt er eine genaue Kenntnis der Blütezeit Europas, als EU-Kommissionspräsident Delors, Bundeskanzler Kohl und der französische Präsident Mitterrand als gestalterisches Dreigespann wegweisende Entscheidungen für Europa einfädelten und das Fundament für den gemeinsamen Binnenmarkt, die Währungsunion und die Freizügigkeit legten. Diese Hochphase des europäischen Einigungsprozesses wird Macron fortan immer als Ideal vor Augen behalten. Das Wissen um die deutsch-französische Schaffensphase wird seine immer deutlicher zutage tretende Fixierung auf das Verhältnis zur Bundeskanzlerin begründen.

Jouyet, der Mentor Macrons, lässt sich von Präsident Nicolas Sarkozy im Mai 2007 in die Regierung locken, es ist ein parteiübergreifendes Experiment, das Hollande und selbst Delors zunächst bestürzt, aber Macron beeindruckt. Jouyet will Europa dienen, er kündigt an, dass er nach Abschluss der französischen EU-Ratspräsidentschaft von seinem Posten als verantwortlicher Staatsminister für die europäischen Angelegenheiten zurücktreten werde. Europa sei »keine Frage von links oder rechts«, sagt Jouyet, er will retten, was zu retten ist nach der Zäsur des doppelten Neins zum europäischen Verfassungsvertrag. Macron sieht das genauso, ja in dieser Zeit wächst seine Überzeugung, die später im Wahlkampf, in sein Werben für eine gesellschaftliche Transformation mündet, die »weder links noch rechts« ist.

Die EU, deren Funktionsweise er als Wirtschaftsberater und stellvertretender Generalsekretär des Élysée-Palastes von Mai 2012 bis Juni 2014 entdeckt, hat mit seinem Ideal nichts gemein. Macron ist irritiert über das tief verankerte Misstrauen und die eingefahrenen nationalen Machtspiele, für die Brüssel die Bühne bildet. Seine Beobachtungen vor und während der EU-Gipfel führen zu der Einsicht, dass unter der Decke der nationalen Interessenverteidigung ein »europäischer Bürgerkrieg« gärt. In seiner Rede vor der Akropolis in Athen am 7. September 2017 macht Macron diese Überzeugung öffentlich: »Die Geschichte des vergangenen Jahrzehnts ist die einer Form von (europäischem) Bürgerkrieg, in dem wir nur unsere Differenzen und unsere kleinen Treuebrüche betrachtet und vergessen haben, in welcher Welt wir uns befinden.«

Die Athener Rede bildet den ersten Teil der europäischen Trilogie, die Macron an der Sorbonne, an der Frankfurter Universität und bei der Buchmesse in Frankfurt fortsetzte. Nur in ihrer Abfolge werden die drei Europa-Reden verständlich und ergeben das Gesamtbild seiner Vorstellungen. In der Hauptstadt der Antike ging es ihm vor allem um die demokratische Dimension des künftigen Europas. Macron sprach auf der Pnyx, jenem Athener Hügel, auf dem in der Antike die demokratischen Volksversammlungen stattfanden, weshalb der Pnyx als eigentliche Wiege der Demokratie bezeichnet wird. »Dieser Ort verpflichtet uns«, begann Macron seinen Appell zu einer demokratischen Erneuerung Europas. Damit stellte er gleich zum Auftakt klar, dass er nicht vorrangig auf das real existierende Griechenland abzielte, mit dessen Regierenden er seit 2012 als Berater im Élysée-Palast und als Wirtschaftsminister nicht immer beglückende Erfahrungen gesammelt hatte. In seiner Rede in der Abenddämmerung, die beleuchtete Akropolis im Hintergrund, knüpfte Macron vielmehr an die französische Tradition der Idealisierung des antiken Griechenlands an. Mit Verweis auf die Antike hatte der damalige Präsident Valéry Giscard d'Estaing bereits Ende der 1970er-Jahre die EU-Mitgliedschaft Griechenlands vorangetrieben. »Platon darf nicht in der zweiten Liga spielen«, lautete sein Argument, mit dem er sich über Vorbehalte seiner eigenen Administration gegen den 1981 dann vollzogenen Beitritt Griechenlands hinwegsetzte.

»Im Herzen jedes westlichen Menschen schlummert ein geheimes Griechenland«, zitierte nun Macron General de Gaulles Kulturminister André Malraux, der am selben Ort schon 1959 das ewige Griechenland gefeiert hatte. Macrons Athener Botschaft richtete sich an alle Europäer und insbesondere an die Deutschen. »Was haben wir mit unserer Demokratie vollbracht, wie haben wir unsere Souveränität gestaltet?«, fragte er. In Europa seien »die Souveränität, die Demokratie und das Vertrauen in Gefahr«. Das sei darauf zurückzuführen, dass die Kritik an der EU »den Feinden Europas« überlassen worden sei. Eine kritische Bewertung der EU aber sei unerlässlich, wenn Europa künftig von den Völkern getragen werden solle. »Diejenigen, die an Europa glauben, haben inzwischen Angst vor dem Volk«, kritisierte Macron. Deshalb dürfte nicht so getan werden, als könne nach den negativen Volksabstimmungen in Frankreich und den Niederlanden 2005 und nach dem Brexit-Votum weitergemacht werden wie bisher. Macron schlug eine neue Methode vor: Überall in Europa solle 2018 in Bürgerkonventen über die Zukunft des Kontinents diskutiert werden, und das solle in Vorschläge münden. Die Methode der in Brüsseler Hinterzimmern erarbeiteten Vertragsänderungen sei gescheitert. Harsche Kritik übte der Präsident auch an früheren griechischen Verantwortlichen, die durch »Lügen« und »Betrug« die Griechenland-Krise heraufbeschworen hätten. Auch die Staats- und Regierungschefs der anderen EU-Staaten seien nicht ohne Tadel gewesen: »Man hat die Leute glauben lassen, dass man in Athen wie in Berlin leben könne, ohne jegliche Anstrengungen, aber das stimmte nicht. Das griechische Volk musste dafür büßen.« Macron machte deutlich, dass etwas gegen das grassierende Misstrauen unter den Mitgliedsstaaten unternommen werden müsse. Dies könne nur gelingen, wenn die Bürger sich in den Entscheidungsprozess eingebunden fühlten. In geradezu biblischer Inbrunst mahnte der Präsident, »das Salz Europas« wiederzufinden.

Die Sorbonne im Quartier Latin, eine der ältesten Universitäten der Welt, ein Tempel des Wissens und der Aufklärung bildet die Kulisse für das »Herzstück« von Macrons Trilogie. So wagemutig, kühn und verwegen wie er hat sich in den beiden zurückliegenden Jahrzehnten kein französischer Präsident zur Zukunft Europas geäußert. Ein bisschen dreist war es, dass er sich damit nur 48 Stunden nach der Bundestagswahl mit einer Wunschliste in die

Koalitionsverhandlungen in Berlin einmischte. Die Rechtfertigung für sein Vorpreschen formulierte er selbst: Er erwarte von der nächsten Bundesregierung, dass sie in die europäische Debatte mit Ideen einsteigt, die über den Verweis auf die bestehenden Regeln zu Haushaltsdisziplin und Defizitgrenzen hinausgehen. Macron deutete an, dass er das Erstarken der Rechtspopulisten in Deutschland darauf zurückführt, dass die EU zunehmend als »machtlose Bürokratie« wahrgenommen werde. »Wir haben das zugelassen. Wir haben vergessen, Europa zu verteidigen«, sagte Macron. Für einige sei es nie der rechte Zeitpunkt, über Europa zu sprechen. »Sie haben sich ans Taktieren gewöhnt. Es ist ja auch viel einfacher, nie zu erklären, wo wir eigentlich hinwollen.« Der Präsident aber hat ein klares Ziel vor Augen: ein souveränes, einiges und demokratisches Europa. Das klang ein wenig wie Beethovens Ode an die Freude, die Europa-Hymne, die Macron zu seiner Erkennungsmelodie erhoben hat.

Macron erfreute sich indessen an der Sorbonne nicht nur am schönen Klang der erhabenen Ideen von Souveränität, Einigkeit und Demokratie. In seiner Rede füllte er die Begriffe mit ganz konkreten Vorschlägen und wagte etwas für einen französischen Präsidenten Ungeheuerliches: Er verkündete die Bereitschaft, nationale Souveränität zugunsten einer europäischen Souveränität aufzugeben. Dabei sparte er auch einen so heiklen Bereich wie den Grenzschutz nicht aus. Le Pen lässt keine Gelegenheit aus, dem Präsidenten einen totalen Kontrollverlust bei den Einwanderungsströmen vorzuhalten. Die Flüchtlingskrise, bekundete Macron an der Sorbonne, sei keine zeitlich begrenzte Krise, sondern ein dauerhaftes Phänomen. Europa werde auf lange Sicht das Ziel von Einwanderung bleiben. Deshalb könne die EU es sich nicht leisten, weiter so »schwach, langsam und ineffizient« zu agieren. Den Schutz der Grenzen will Macron einer personell stark aufgestockten europäischen Grenzpolizei anvertrauen, die sich auch im Selbstverständnis von Frontex unterscheidet. So soll nicht länger der Schutz der Außengrenzen mit den nationalen Grenzwächtern koordiniert, sondern ein eigenes Korps aus europäischen Grenzpolizisten begründet werden. Die Grenzwächter sollen Hand in Hand mit einer neu zu schaffenden europäischen Asylbehörde arbeiten. Auf diese Weise sollen die langen, in den EU-Mitgliedsstaaten variierenden Bearbeitungszeiten von Asylanträgen verkürzt und sichergestellt werden, dass abgelehnte Asylbewerber nicht vom lückenhaften Datenaustausch profitieren. Es komme viel zu oft vor, dass die gleiche Person hintereinander in mehreren EU-Ländern einen Antrag stelle, beklagte der Präsident. Macron schilderte seinen Plan, die EU nach dem Vorbild Amerikas zu einem effizienten staatsähnlichen Gebilde auszubauen, das die biometrischen Daten aller Ein- und Ausreisenden einschließlich der Asylsuchenden erfasst. Macron regte gemeinsame Rückführungsaktionen für abgelehnte Asylbewerber an. Damit will er die Ursprungsländer zwingen, die EU als geschlossenes Ganzes anzuerkennen. Die Schutzbedürftigen, deren Asylanträge angenommen werden, sollen dann über ein europäisches Ausbildungsprogramm gefördert werden.

In der Terrorismus- und Kriminalitätsbekämpfung schlug Macron ebenfalls einen Sprung von der nationalstaatlichen zur europäischen Ebene vor. So soll eine europäische Staatsanwaltschaft mit den Terrorismusverfahren befasst werden. Seit den Pariser Anschlägen im November 2015 hat sich bei dem Franzosen die Überzeugung gefestigt, dass Terroristen von der schlechten Abstimmung zwischen nationalstaatlichen Behörden (Polizei und Justiz) profitieren. Aus Macrons Sicht sollte die EU außerdem eine gemeinsame Geheimdienstkultur entwickeln. Dazu schlug er eine europäische Geheimdienst-Akademie vor, um die Agenten gemeinsam aus- und fortzubilden.

Da Amerika auf mittlere Sicht als verlässliche militärische Schutzmacht ausfalle, preschte Macron auch beim Aufbau einer europäischen Streitkraft voran. Die zurückliegenden Versuche, europäische Kampftruppen (battle groups) aufzubauen, waren ihm zu zaghaft. Bis 2020 will er eine europäische Eingreiftruppe mit eigenem Haushalt schaffen. Es mangele vor allem an einer europäischen Sicherheitsdoktrin. Hier sieht Macron besonders Deutschland gefordert, sich an der Debatte zu beteiligen, die es bislang Frankreich und Großbritannien überlassen habe. Um die jungen Generationen für Europa zu gewinnen, will der Präsident nach dem Vorbild der deutsch-französischen Universität europäische Universitäten begründen. Von den erfolgreichen Erasmus-Programmen sollen in Zukunft nicht nur Studenten, sondern auch Lehrlinge profitieren. Alle jungen Europäer, Studenten oder Lehrlinge, sollen mindestens sechs Monate in einem anderen EU-Land leben können. »Wenn ein Europäer reist, dann wird er ein wenig mehr als nur ein Franzose, ein Grieche, ein Deutscher oder ein Niederländer. Er wird zum Europäer«, sagte Macron. Auf seiner Wunschliste stehen zudem die Gründung einer europäischen Innovationsagentur, EU-Subventionen für Elektroautos oder eine europäische CO_2-Steuer. Die EU-Kommission will er auf fünfzehn Kommissare verkleinern und auf einen Kommissar aus Frankreich verzichten. In diesem neuen Europa, so äußerte der Präsident die Hoffnung, werde auch Großbritannien wieder seinen Platz finden.

Über seine Vorschläge, das betonte Macron auch an der Sorbonne wieder, wolle er eine große demokratische Debatte anstoßen, überall in der EU, aber besonders in Deutschland. Immer wieder ließ der Präsident in seiner Rede erkennen, dass er die deutschen Bedenken kennt. »Unaussprechlich«, sagte er, sei der Begriff »Finanztransfer« für die Deutschen. »Ich will alle beruhigen«, fuhr Macron fort, er strebe keine Vergemeinschaftung von Schulden an. Auch mit seinen Plänen zur Vertiefung der Euro-Zone hielt sich Macron wegen deutscher Bedenken sehr zurück; sie bildeten nur einen kurzen Abschnitt seiner Rede. Ziel seiner Reformbestrebungen sei es, die hohe Arbeitslosigkeit, insbesondere unter jungen Leuten in vielen EU-Mitgliedsländern, zu senken. Dazu bedürfe es einer besseren Koordinierung der wirtschaftspolitischen Entscheidungen in der Euro-Zone. »Ich habe keine roten Linien, nur einen Horizont«, so Macron. Er wünsche sich einen europäischen Finanzminister und einen Haushalt für die Euro-Zone, um eine größere Konvergenz zu erreichen. »Wir brauchen ein gestärktes Budget im Herzen von Europa, im Herzen der Euro-Zone«, sagte Macron. Europas Zukunft könne nicht nur im Sparen und Haushalten bestehen, betonte er zugleich. Dieses deutsche Rezept wird in Frankreich schon länger als ungenügend empfunden, um wieder für die EU einzunehmen. Es klang wie eine Aufforderung an die nächste Bundesregierung, ihre europäischen Pläne klar zu formulieren – klarer auch als im Bundestagswahlkampf, in dem nach französischer Wahrnehmung kaum über die Zukunft der EU geredet worden war. Mit der nächsten Bundesregierung will Macron einen neuen deutsch-französischen Freundschaftsvertrag ausarbeiten. Der Kanzlerin sprach er in diesem Zusammenhang betont sein Vertrauen aus: »Ich weiß, dass ihre Antwort nicht Rückzug und Verzagtheit sein wird«, sagte er. Angela Merkel verfüge im Gegenteil über »audace«: Wagemut und Kühnheit.

Den letzten Teil der europäischen Trilogie widmete Macron Frankfurt, der Stadt der Europäischen Zentralbank, zugleich auch Geburtsstadt des von ihm so geschätzten Dichters und Denkers Johann Wolfgang von Goethe. An der Universität in Frankfurt begrüßten die zu seinem Empfang ausgewählten Professoren den Präsidenten, die Ode an die Freude singend. Zunächst erläuterte er im freien Streitgespräch vor den Studenten seine Vorstellungen eines kulturellen Europas. Zur Eröffnung der Buchmesse in Frankfurt führte er aus, was er unter europäischer Kultur verstehe. Die Einbeziehung der Studenten als europäische Bürger von morgen ist ihm dabei besonders wichtig. Deshalb will er die Universitäten in Europa zur Weiterentwicklung der europäischen Kultur aktiv heranziehen. Als Orte der Wissensvermittlung sollen sie sich bis 2024 zu einem Netzwerk von bis zu zwanzig wahrhaftig Europäischen Universitäten zusammenschließen. Erst durch das Verständnis für den nicht übersetzbaren Teil fremder Kultur könne ein echtes europäisches Selbstverständnis entstehen, lautet dabei Macrons zentrale These. Als Mission der Europäischen Universitäten sieht es der Präsident, dass sie auf der Grundlage exzellenter Forschung und Lehre und sprachlicher Vielfalt die kulturelle Einheit stärken. Er greift damit eine von Emmanuel Mounier, dem Gründer der Zeitschrift *Esprit* seit Langem gehegte Idee auf, in der sprachlichen Vielfalt eine kulturelle Stärke Europas zu sehen. Macron erteilt damit der Vorstellung eine Absage, dass Europäisierung der Universitäten darauf hinauslaufe, dass allenthalben das englischsprachige Lehrprogramm aufgestockt wird. Macron strebt zudem an, dass jeder junge Europäer bis 2024 mindestens zwei europäische Sprachen sprechen lernt. Die Hälfte einer Altersgruppe sollte bis zu ihrem 25. Lebensjahr mindestens sechs

Monate in einem anderen europäischen Land verbracht haben. Macron überführt damit zum 30. Jubiläum des Erasmus-Programms dessen Grundgedanken in ein ambitioniertes Ziel und setzt zugleich eine Messlatte für die Verhandlungen über den nächsten Sieben-Jahres-Finanzplan der Europäischen Union. Mit einem stagnierendem EU-Haushalt wird sich dieses Ziel nicht verwirklichen lassen.

Macron hat sich europapolitisch viel vorgenommen. Dabei darf nicht aus dem Blick verloren werden, wie schnell der Lernprozess des Präsidenten verläuft. Einige traditionelle französische Forderungen für die EU und die Euro-Zone, die in Deutschland Unmut hervorriefen, hat er bereits aufgegeben. So unterlässt er direkte Kritik an den deutschen Exportüberschüssen, die von vielen EU-Partnern, dem Internationalen Währungsfonds, der EU-Kommission und amerikanischen Ökonomen als Faktor des Auseinanderdriftens der EU kritisiert werden. Diese Zurückhaltung bei einem makroökonomischen Reizthema ist eindeutig der Bundesregierung geschuldet. Auch hält er nichts von der Idee, Militärausgaben aus den europäischen Defizitkriterien herauszurechnen, wie dies seine Vorgänger vorgeschlagen hatten. Macron setzt bei den Altschulden auf das Prinzip der nationalen Eigenverantwortung. Ebenso hat er von der Idee eines deutsch-französischen Pakts Abstand genommen, mit dem 50 Milliarden Euro Einsparungen in Frankreich gegen 50 Milliarden Euro aus der deutschen Staatskasse, investiert in die deutsche Infrastruktur, aufgerechnet werden. Insgesamt ist Macron bereit, mit dem alten französischen Denkmuster zu brechen, nach dem Deutschland durch Geldausgeben andere Europäer aus der Krise ziehen soll. Die Vorstellung, dass sich Frankreich mit deutschem Geld vom Reformzwang freikaufen könne, hatte den Sozialisten François Hollande geprägt, bei dem Macron seine politischen Lehrjahre als Wirtschaftsberater im Élysée-Palast absolvierte.

Macron zwingt auf diese Weise Deutschland, sich von der Vorstellung zu verabschieden, dass man Frankreich in der Europapolitik einfach abschreiben könne. Frankreich wird nach dem Brexit das einzige EU-Land mit ständigem Sitz im Sicherheitsrat der Vereinten Nationen sein, außerdem die einzige EU-Atomstreitmacht. Und wenn es nach Macron geht, wird Frankreich wieder zur Initiativkraft in der EU.

Macron hat die Perspektive der Europawahlen 2019 bereits fest im Blick. Im Idealfall will er wiederholen, was ihm in Frankreich gelungen ist: Er will das festgefahrene Parteiensystem zwischen Europäischer Volkspartei (EVP) und Sozialisten im Europäischen Parlament aufbrechen. Gesandte seiner Partei »La République en marche« sollen in den europäischen Hauptstädten das Terrain für neue Koalitionen sondieren. Macron strebt an, eine eigene, starke Gruppe zu bilden. Als Ausgangsbasis könnte die Fraktion der Liberalen, ALDE, dienen. Der ALDE-Fraktionsvorsitzende Guy Verhofstadt sagte der Zeitung *Le Figaro*, er möge die Idee eines Bündnisses all jener, die Macrons Europainitiative für sich als Basis eines Programms nähmen. Dann hieße es Europaanhänger gegen antieuropäische Kräfte von den Rechtspopulisten bis zu den Linksparteien. Der junge Präsident hält es dabei gern mit dem abgewandelten Spruch John F. Kennedys, wenn es um die Zukunft Europas geht: »Fragt nicht, was Europa für euch tun kann – fragt, was ihr für Europa tun könnt.«

Kapitel 7

DIE MIGRATIONSFRAGE:

Ein strukturierendes Zukunftsthema Europas

Die Gründerväter der europäischen Gemeinschaft hatten die Eingebung, Europa nach zwei Weltkriegen in einem System von Regeln zu verankern. Das war eine visionäre Idee, die dem Kontinent seit 1945 Frieden und Wohlstand beschert hat. Doch heute reicht es nicht mehr, allein einem festen Regelwerk zu vertrauen, um auf die sich rapide verändernden Herausforderungen zu reagieren. Gerade die Flüchtlingskrise hat gezeigt, dass es überraschende Wendungen gibt, die kein noch so guter europäischer Vertrag antizipieren kann. Mit Emmanuel Macron bricht jetzt eine Enkelgeneration auf, den notwendigen Anpassungsprozess Europas anzustoßen und damit auch Antworten auf die Fragen zu geben, die sich stellen, wenn Hunderttausende Menschen in der Hoffnung auf Asyl oder auf ein besseres Leben nach Europa drängen.

Der französische Präsident ist kein verblendeter europäischer Jasager, er ist ein kritischer, ein fordernder Europäer, der die Ängste der Bürger ansprechen will, die gerade auch das Brexit-Votum offenbart hat. Die EU sei »zu langsam, zu schwach und zu ineffizient«, kritisierte er in seiner Sorbonne-Rede. Er hat seinen Anspruch auf eine einfache Formel gebracht: »Ein Europa, das schützt«. Dahinter verbirgt sich die Idee, die EU herauszuführen aus der als technokratisch empfundenen Politik. Oder, wie er es in seinem sehr persönlich gehaltenen Nachruf auf den Kanzler der deutschen Einheit formulierte: »Wir schulden es Helmut Kohl, Europa wieder zu einem Versprechen zu machen.« Kohl habe gewusst, dass sich Realpolitik nur auszahle, wenn sie höhere Ideen anstrebe. Nicht ein Mangel an Pragmatismus, sondern ein Mangel an Idealismus habe dazu geführt, dass die europäische Idee »in den Windungen der Technokratie verloren ging«.

Macron nimmt das Gefühl des Ausgeliefertseins vieler Bürger ernst, die in einer scheinbar immer unberechenbareren Welt nach Halt und Schutz suchen. Er wünscht sich, dass Europa nicht nur als behäbige Regulationskraft auftritt, sondern seine Handlungsfähigkeit zurückerobert. Er will, dass die Bürger erkennen können, was sie dieser Gemeinschaft verdanken – durch konkrete Aktionen.

In wohl keinem anderen Bereich wird das so offensichtlich wie in der Einwanderungs- und Flüchtlingspolitik. Macron betont, dass der Umgang mit den nach Europa strebenden Migranten die größte Aufgabe der kommenden Generation bilden werde. »Immigrationsströme gehören zu der Welt, in der wir leben, es handelt sich nicht um eine simple Krise«, sagt der Präsident im Gespräch. Europa werde sich dauerhaft der Herausforderung stellen müssen, ein Sehnsuchtsort für Menschen in Afrika und im Nahen Osten zu sein. »Wir brauchen Grenzen. Es gibt ein Drinnen und ein Draußen, das ist existenziell. Wir dürfen uns in diesem Punkt nicht irren«, sagt Macron. Er lässt erkennen, dass aus seiner Sicht nur eine effiziente Sicherung der europäischen

Außengrenzen dauerhaften Frieden und Wohlstand zulasse. Andernfalls werde die Migrationsfrage die EU weiter spalten.

Der Kontrollverlust, der auf dem Höhepunkt der Flüchtlingskrise offenbar wurde, sei nicht akzeptabel. Deshalb hat Macron in seiner Rede an der Sorbonne konkrete Vorschläge unterbreitet, um die Kompetenzen der Grenzschutzagentur Frontex zu erweitern und eine europäische Grenzwache mit aufgestocktem Personal zu schaffen. Mit einer Politik der kleinen Schritte oder gar einem Aussitzen will er sich nicht zufriedengeben. »Ich glaube absolut nicht an die große Selbstauflösung der Völker und der Nationen. Mit dem Selbstverständnis der No-Border-Bewegung kann ich mich überhaupt nicht identifizieren. Sie nährt meines Erachtens den Populismus«, sagt er. Damit weist er auch die Kritik derjenigen zurück, die in ihm einen Verteidiger eines Europas als »open space« wähnen, also als einem offenen Gebilde ohne nationale Identitäten und Grenzen. »Das bedeutet für mich nicht, dass wir zu nationalen Egoismen zurückkehren sollten. Auch das ist sehr hegelianisch. Es kann keine Negativität ohne Positivität geben, wir brauchen Grenzen. Es ist notwendig, eine Gesellschaft über diese Spannung zu strukturieren.« In einer globalisierten Welt könne sich die nationale Souveränität aus seiner Sicht nur behaupten, wenn es einen schützenden Rahmen der europäischen Souveränität gebe. Freizügigkeit im Inneren braucht sorgfältig geschützte Grenzen im Äußeren, so Macrons Credo.

Viele hatten ihn anders verstanden, als er im Januar 2017 ausdrücklich Angela Merkel in Schutz nahm und betonte, »Kanzlerin Merkel und die ganze deutsche Gesellschaft waren auf der Höhe unserer gemeinsamen Werte. Sie haben unsere kollektive Würde gerettet, indem sie notleidende Flüchtlinge aufgenommen, untergebracht und ausgebildet haben.« Doch der Präsident weist den Eindruck zurück, dass er damit für eine langfristige Willkommenspolitik der offenen Grenzen plädierte. »Ich habe den Mut Angela Merkels auf dem Höhepunkt der Flüchtlingskrise 2015 begrüßt, weil ich der Meinung war, dass Deutschland wirtschaftlich in der Lage dazu war, ›Wir schaffen das‹ zu sagen. Aber ich unterscheide zwischen der moralischen Verpflichtung zum Asyl für Verfolgte und Schutzbedürftige und der Grenzöffnung für jeden Migranten. Wir können nicht jedes Jahr Hunderttausende von Migranten aufnehmen«, sagt Macron. Gerade der von Abstiegsängsten geplagten Mittelschicht Europas ist es aus Sicht des Präsidenten nicht vermittelbar, wenn dem Zustrom von Armutsmigranten nicht Einhalt geboten wird. Das gilt auch vor der Perspektive von zunehmenden Migrationsströmen durch den Klimawandel. Unkontrollierte Zuwanderung sieht er ebenfalls unter dem Aspekt der Sicherheit und der Terrorismusbedrohung. Macron ziert sich nicht, darüber zu sprechen, wie Terroristen die Flüchtlingsströme ausnutzten, um unerkannt nach Europa zu gelangen.

»Das europäische Projekt ist für mich das einer Solidargemeinschaft, die Grenzen braucht. Dieses Thema wird in den kommenden Monaten Frankreich noch sehr beschäftigen. Wir müssen diese dialektische Spannung zwischen dem Humanismus und dem Zusammenhalt der Nation hinnehmen. Wir müssen die Grenzen bejahen, denn sie entsprechen einem Bedürfnis in der Bevölkerung. Die Einwanderungsfrage ist mit Sicherheit eines der großen strukturierenden Zukunftsthemen. Sie gestaltet das europäische Projekt und ist bestimmend für das Bewusstsein der jungen Generationen«, sagt Macron.

Europas Fehler sei es gewesen, nicht sofort gemeinsame Antworten auf die Herausforderungen der Zuwanderung zu suchen.

Als Italien schon vor Jahren mit der Massenankunft von Flüchtlingen auf der Insel Lampedusa konfrontiert gewesen sei, hätten Frankreich und Deutschland den Partner im Stich gelassen. Die Sicherheit des Kontinents, der Umgang mit Migration und die Integration von Flüchtlingen seien Daueraufgaben, die Europa gemeinsam bewältigen müsse. »Diese Vorstellung begründet auch meine Idee von einem Europa, das schützt. Die Bürger in Europa hatten im vergangenen Jahrzehnt das Gefühl, dass Europa weniger Schutz bedeutet. Ich will diesen Eindruck widerlegen. Wenn wir in der EU eng zusammenarbeiten, dann schützt uns Europa bei den großen Herausforderungen, ob in der Einwanderungsfrage, beim Klimawandel und bei der digitalen Revolution. Wir dürfen niemals vergessen, was der Leviathan bedeutet. Wir verlassen den kriegsähnlichen Naturzustand, um uns in die Macht eines Staates zu begeben, der uns schützt. Wenn die Schutzfunktion wegfällt, dann verliert die Macht ihre Legitimität«, betont Macron.

Die Bürger vor illegaler Zuwanderung schützen und die Schutzbedürftigen mit Asylanspruch würdig aufnehmen, so lautet der Leitsatz seiner Politik auch im Landesinneren. Die Herkunfts- und Transitländer will er mit mehr Entwicklungshilfe zu stärkerer Kooperation bei der Rücknahme abgewiesener Flüchtlinge bewegen. In einer Grundsatzrede Ende Juli 2017 in Orléans hat der Präsident seine Vorstellungen dargelegt. Zu seinen ersten Maßnahmen zählen verstärkte Kontrollen in Flüchtlingsheimen und die konsequente Rückführung abgelehnter Asylbewerber. Macron betonte, dass er die Aufnahme von Schutzbedürftigen in seinem Land verbessern, jedoch gleichzeitig Härte gegenüber abgelehnten Asylbewerbern zeigen wolle. Die bisherige Politik der Tolerierung von Einwanderern ohne Aufenthaltsgenehmigung lehnt er vehement ab. In Flüchtlingsheimen vor allem im Großraum Paris sind Kontrollen angelaufen, um den rechtlichen Status der Bewohner zu überprüfen. Ziel ist es, bereits in anderen EU-Ländern registrierte Migranten zu erfassen und sie zur Rückreise in das Erstaufnahmeland zu bewegen.

In Frankreich bekommt Macron deshalb heftigen Gegenwind von links. Hilfsorganisationen haben in einem offenen Brief an den Präsidenten gegen diese behördlichen Kontrollen protestiert. Sie argumentierten, alle Migranten, die sich in Frankreich aufhalten, hätten ein Recht auf eine Unterkunft und Betreuung. Macron lehnt diese Sichtweise entschieden ab. »Wir müssen peinlich genau und manchmal sogar unerbittlich mit jenen sein, die – und es werden immer mehr – aus sicheren Ländern kommen«, so der Präsident in Orléans. Er wolle nicht, dass Frankreich sich hinter seinen Grenzen abschotte, aber er wolle die Welt auch nicht glauben machen, dass Frankreich alle Elenden aufnehmen könne. Genau das sagte er später auch jener jungen Marokkanerin, die ihn bei einem Besuch in einem Lokal der Hilfsorganisation Restos du Cœur in Paris um Aufenthaltspapiere anflehte. Das Asylrecht gelte nur für Menschen, die in ihrer Heimat bedroht seien.

»Ich kämpfe darum, dass die Asylanträge schneller bearbeitet werden, aber auch, dass diejenigen, die keinen Asylanspruch haben, schneller unser Land verlassen«, sagt Macron. Zu seinen europäischen Plänen zählt daher auch die Gründung einer europäischen Asylbehörde, die mit der Schaffung einer gemeinsamen Datenbank einhergehen müsse. Macron will den Missstand beenden, dass die französischen Behörden Zehntausende Asylanträge prüfen, die bereits in anderen EU-Ländern abgelehnt wurden. Zugleich wirbt er dafür, gemeinsame Rückführungen abgelehnter Asylsuchender zu organisieren.

Macron stützt sich bei seinem Vorgehen auf den Leiter der französischen Behörde zum Schutz von Flüchtlingen und Staatenlosen (Ofpra), Pascal Brice, den er aus dem Wahlkampfteam François Hollandes kennt. Brice war damals als diplomatischer Berater im Kampagnenteam tätig. Der Schutz von Verfolgten ist dem Ofpra-Direktor schon aus der Familiengeschichte heraus eine Herzensangelegenheit. Brice' jüdische Großeltern mussten 1934/35 vor den Nazis aus Berlin fliehen, sie kamen über Frankreich und Spanien nach Lateinamerika. In den 1970er-Jahren kehrte die Großmutter, »eine echte Berlinerin«, in ihre Heimat an der Spree zurück. Brice besuchte sie oft, und das Flüchtlingsschicksal seiner Großmutter bildet den Hintergrund seines eigenen Engagements. Hinter seinem Schreibtisch in seinem Dienstbüro der Ofpra in einem modernen Bürobau vor den Toren von Paris hat er eine Schwarz-Weiß-Aufnahme seiner Großeltern an die Wand gehängt. Brice schildert, wie beeindruckt er von den vielen freiwilligen Helfern war, als er auf dem Höhepunkt der Flüchtlingskrise im September 2015 fünf Tage in einem Aufnahmelager in München zubrachte. »Einige junge deutsche Helferinnen wuschen den syrischen Flüchtlingskindern die Füße. Dieses Bild hat sich mir ins Gedächtnis eingebrannt«, sagt Brice. »Ich musste an meine Großmutter denken und an das Deutschland, aus dem sie fliehen musste.«

Der Leiter der französischen Asylbehörde steht voll hinter der neuen Politik Macrons, Asylansprüche von Migranten nach Möglichkeit schon in Afrika zu prüfen. Er hat Registrierstellen in sogenannten sicheren Zonen im Niger und im Tschad eröffnet. Ziel der Initiative ist es, Migranten ohne Aussicht auf ein Bleiberecht von der lebensgefährlichen Überfahrt über das Mittelmeer abzuhalten. »Kein Land kann alle Wirtschaftsmigranten aufnehmen«, sagte Macron bereits in Orléans. Frankreich und Deutschland seien dabei, ihre Zusammenarbeit beim Asylrecht zu »beschleunigen«, damit sich »unsere Regeln und unsere Praktiken« anglichen. Es gelte, Schutzbedürftige in der EU schnell aufzunehmen und andere Migranten abweisen zu können. Macron betonte, er wolle dafür sorgen, dass Flüchtlinge in Frankreich nicht mehr auf der Straße übernachten müssten. Am Kanal Saint-Martin im Osten von Paris schlagen Flüchtlinge regelmäßig Zelte auf, um nicht unter freiem Himmel schlafen zu müssen. Auch in Metz, in Calais und an der italienisch-französischen Grenze nahe Nizza hausen Flüchtlinge unter oftmals unwürdigen Bedingungen in Parkanlagen oder Waldstücken. »Ich will keine Frauen und Männer mehr auf der Straße«, sagte Macron. Noch hat er sein Ziel nicht erreicht.

Den französischen Präsidenten charakterisiert, dass er nicht strikt zwischen Innen-, Europa- und Außenpolitik trennt, sondern dass er die ressortübergreifende Dimension der Migrationsfrage in den Mittelpunkt rückt. Deshalb drängt er Deutschland und die anderen europäischen Partner auf vielfältige Weise zu Zusammenarbeit. Das gilt etwa für die sogenannten Hotspots in Afrika, an denen er in einer ersten Etappe Deutschland, Italien und Spanien beteiligen will. Das war schon Ziel eines kleinen Gipfeltreffens Ende August 2017 in Paris. Mit Bundeskanzlerin Angela Merkel, dem spanischen Ministerpräsidenten Mariano Rajoy und dem italienischen Ministerpräsidenten Paolo Gentiloni beschloss er damals, in Niger und Tschad Registrierungsstellen für Asyl suchende Migranten in sicheren Zonen zu etablieren. Während Frankreich in Zusammenarbeit mit dem

Flüchtlingshilfswerk der Vereinten Nationen, dem UNHCR, im Oktober und November 2017 schon Registrierungsmissionen organisierte und erste Flüchtlinge ausflog, begnügte sich die Bundesregierung damit, einen hohen Beamten mit Beobachterstatus aus dem Bundesamt für Migration und Flüchtlinge zu entsenden.

Die französische Vorgehensweise ist nicht unproblematisch. Tschad und Niger, die nicht gerade als lupenreine Demokratien gelten können, werden dadurch zu privilegierten Partnern bei der Bewältigung der Migrationsströme. Der Deal, für den Macron wirbt, läuft darauf hinaus, die europäische Außengrenze nach Afrika zu verlagern. Migranten sollen noch vor der gefährlichen Überfahrt über das Mittelmeer über ihre Asylchancen aufgeklärt werden. Das soll aus französischer Sicht Leben retten, das lukrative Schlepperwesen beenden und den wirklich Schutzbedürftigen eine sichere Reise nach Europa ermöglichen. Macron sagte bei einer Reise nach Burkina Faso vor Studenten in der Hauptstadt Ouagadougou, mehr könne die EU nicht leisten. »Es sind ja nicht die Franzosen, die als Schlepper in Libyen tätig sind. Es sind Afrikaner, die andere Afrikaner versklaven«, mahnte er.

Wenn Macron die Einwanderungsfrage als »großes strukturierendes Zukunftsthema« für Europa bezeichnet, dann hat er auch die Ängste und Befürchtungen in der Bevölkerung vor dem Islam im Sinn. In Frankreich steht seit den schweren Terroranschlägen in den Jahren 2015 und 2016 die gesamte Islam-Debatte unter dem Vorbehalt des Islamismus. Noch immer ist die Terrorbedrohung sehr hoch. Der Erfolg islamistischer Hassprediger insbesondere in der zweiten und dritten Einwanderungsgeneration weckt weiterhin tiefes Unbehagen. Nach den militärischen

Niederlagen der Kämpfer des »Islamischen Staates« in ihren Rückzugsgebieten im Irak und in Syrien steht Frankreich zudem vor der Frage, wie mit den Rückkehrern französischer Staatsbürgerschaft umzugehen ist. All diese Sorgen tragen nicht zu einer entspannten, sachlichen Islam-Debatte bei.

Der Präsident nähert sich der Frage mit größter Vorsicht. »Niemand von uns in Europa hat die Herausforderung durch den Islam schon gelöst. Der Kommunitarismus, von dem wir glaubten, er könne einen Weg weisen, hat zu sehr zersplitterten Gesellschaften geführt«, sagt er im Gespräch. Dabei hat er vor allem Großbritannien im Blick, das lange das Entstehen von religiös-ethnischen Communities tolerierte. Frankreich ist traditionell einen anderen Weg gegangen, da 1905 eine strikte Trennung von Staat und Religion im öffentlichen Raum gesetzlich eingeführt wurde. »In Frankreich ist das Konzept der Laizität vom Staat entwickelt worden, um die Autonomie und die Kohärenz der Nation zu gewährleisten und sich von der Religion zu emanzipieren und freie Gewissensentscheidungen zu befördern – aber in keinem Falle, um die Religionen zu unterdrücken«, sagt Macron. Für den Gesamtheitsanspruch des Islam, der alle Lebensbereiche der Gläubigen reglementiert, sei das damals auf den Katholizismus zugeschnittene Gesetz jedoch ungeeignet. »Der Rahmen unserer Laizität wurde nicht für den Islam konzipiert. Der Rahmen der Laizität wird von muslimischen Mitbürgern herausgefordert, die im Namen der Religion Verhaltensweisen zeigen, die eigentlich jenseits der Religion anzusiedeln sind. Als Beispiel will ich das Frauenbild nennen. Frankreich ist von der Vorstellung der Geschlechtergleichheit geprägt, die sich in der Republik entwickelt hat. Deswegen hat der muslimische Schleier so viel kulturelle Unsicherheit hervorgerufen, weil der

Eindruck entstanden ist, dass es sich um eine Abweichung von der französischen Zivilisationsform handelt. Das ist keine religiöse Frage!«, betont Macron.

»Wir müssen in unserer Debatte mit dem Islam weiterkommen. Aber ich habe noch keine Antwort. Bevor wir aber eine europäische Debatte darüber führen, müssen wir schon auf nationaler Ebene mit uns im Reinen sein. Wir haben nicht dieselben Einwanderergruppen, nicht die gleiche Kolonialvergangenheit. Ich verfolge natürlich aufmerksam, was in Deutschland passiert. Ich fühle mich im Fall von Deutschland wohler als mit dem angelsächsischen Modell«, sagt er.

Es zeichnet den Europäer Macron aus, dass er in einer so komplexen Frage wie dem Umgang mit dem Islam nicht nach einer europäischen Antwort ruft. Nur so kann er auch den Eindruck widerlegen, dass Europa nicht als Ausflucht für nationale Schwierigkeiten oder Unzulänglichkeiten dient. »Wenn wir in der EU eng zusammenarbeiten, dann schützt uns Europa bei den großen Herausforderungen, ob in der Einwanderungsfrage, beim Klimawandel oder bei der digitalen Revolution«, diese Botschaft richtet sich auch an Deutschland.

Macron hat sich angeschickt, Frankreich wieder in einen starken, zuverlässigen europäischen Partner zu verwandeln. Ob ihm das gelingt, ist noch unklar – aber es sollte nicht die Weigerung Deutschlands zu mehr europäischer Kooperation sein, die ihn scheitern lässt. Emmanuel Macron verdient, dass ihm Vertrauen entgegengebracht wird, das liegt auch im nationalen Interesse Deutschlands. Europäischer als unter diesem Präsidenten wird Frankreich auf mittlere Sicht nicht mehr.

ANHANG

Literaturverzeichnis

Odile Benyahia-Kouider: L'Allemagne paiera, Editions Fayard, 2013

Philippe Besson: Un personnage de roman, Editions Julliard, 2017

Marc Bloch: Die seltsame Niederlage. Frankreich 1940, S. Fischer Verlag, 1995

Brice Couturier: Macron, un président philosophe, Editions L'Observatoire, 2017

Gérard Davet, Fabrice Lhomme: Un président ne devrait pas dire ça, Editions Stock, 2016

Caroline Derrien, Candice Nedelec: Les Macron, Editions Fayard, 2017

François Dosse: Le philosophe et le président, Editions Stock, 2017

François Dosse: Paul Ricœur – Le sens d'une vie, Editions La Découverte, 1997

François Fillon: Faire, Editions Albin Michel, 2015

Sylvain Fort: Herbert von Karajan – Une autobiographie imaginaire, Editons Actes Sud, 2016
Sylvain Fort: Friedrich Schiller, Editions Belin, 2003
Sylvain Fort: Le romantisme, Editions Flammarion, 2009
Sylvain Fort: Leçon littéraire sur l'amitié, Presse Universitaire de France, 2001
Eric Fottorino: Macron par Macron, Editions de l'Aube, 2017
Anne Fulda: Emmanuel Macron – Un jeune homme si parfait, Editions Plon, 2017
Sylvie Goulard: Goodbye Europe, Editions Flammarion, 2016
Georg W. F. Hegel: Phänomenologie des Geistes, Reclam Verlag, 1988
Georg W. F. Hegel: Vorlesungen über die Philosophie der Geschichte, Suhrkamp Verlag, 1986
Jean-Pierre Jouyet: Une présidence de crises, Editions Albin Michel, 2009
Bruno Le Maire: Zeiten der Macht, Rowohlt, 2014
Bruno Le Maire: Musique absolue, Gallimard, 2012
Emmanuel Macron: Révolution, Editions XO, 2016
Jean-Luc Mélenchon: Le Hareng de Bismarck, Editions Plon, 2015
Jean-Dominique Merchet: Macron Bonaparte, Editions Stock, 2017
Frederic Morton: Die Rothschilds – Portrait einer Dynastie, Deuticke Verlag, 2015
Irène Némirovsky: Suite Française, Folio, 2006
Édouard Philippe: Des hommes qui lisent, Editions JC Lattès, 2017
Édouard Philippe, Gilles Boyer: L'heure de vérité, Editions Flammarion, 2007

Édouard Philippe, Gilles Boyer: Dans l’ombre, Editions JC Lattès, 2011
John Rawls: Eine Theorie der Gerechtigkeit, Suhrkamp, 1979
John Rawls: Gerechtigkeit als Fairness, Suhrkamp, 2006
Paul Ricœur: Gedächtnis, Geschichte, Vergessen, Wilhelm Fink Verlag, 2004
Paul Ricœur: Zeit und Erzählung (3 Bände), Wilhelm Fink Verlag, 1991
Paul Ricœur: La mémoire, l’histoire, l’oubli, Editions Le Seuil, 2012
Vercors, Das Schweigen des Meeres, Diogenes Verlag, 2002
Revue Esprit, Aout 2000, La lumière blanche du passé, Emmanuel Macron
Revue Esprit, Mars-Avril 2006, La pensée Ricœur
Revue Esprit, Décembre 2007, Universités: vers quelle autonomie, Emmanuel Macron
Revue Esprit, Mars-Avril 2011, Les labyrinthes du politique, Emmanuel Macron
Revue Esprit, Novembre 2013, Paul Ricœur, la pensée sans nostalgie

DANKSAGUNG

Mein Dank gilt meinen Gesprächspartnern, ohne deren Einschätzungen und Erzählungen dieses Buch nicht entstanden wäre: Jörg Asmussen, Clément Beaune, Laurence Boone, Pascal Brice, François Dosse, Henrik Enderlein, Philippe Étienne, Sylvain Fort, Sylvie Goulard, Jean-Pierre Jouyet, Nikolaus Meyer-Landrut, Marc-Olivier Padis und David Baron de Rothschild. An dieser Stelle sei auch Barbara Frugier für ihre unermüdliche, umsichtige Hilfe gedankt. Alle, die ich vergessen haben könnte, bitte ich vorauseilend um Nachsicht.